EDITORA EDUCACIÓN
EMERGENTE

EDITORA EDUCACIÓN
EMERGENTE

EDITORA EDUCACIÓN
EMERGENTE

EDITORA EDUCACIÓN
EMERGENTE

EDITORA EDUCACIÓN
EMERGENTE

EDITORA EDUCACIÓN
EMERGENTE

EDITORA EDUCACIÓN
EMERGENTE

EDITORA EDUCACIÓN
EMERGENTE

EDITORA EDUCACIÓN
EMERGENTE

EDITORA EDUCACIÓN
EMERGENTE

EDITORA EDUCACIÓN
EMERGENTE

EDITORA EDUCACIÓN
EMERGENTE

EDITORA EDUCACIÓN
EMERGENTE

BORRADOR DE AUTO-AYUDA QUEER Y OTROS ENSAYOS RARITOS

LISSETTE ROLÓN COLLAZO

Editora: Beatriz Llenín Figueroa
Diseño portada: Nelson Vargas Vega
Maquetación: Lissette Rolón Collazo

Todos los recaudos de esta publicación serán usados para publicar otros textos de la serie Queer.y.

Serie: *Queer.y*

ISBN-13: 978-1-4951-2484-6

Editora Educación Emergente, Inc.
Alturas de Joyuda #6020 Calle Stephanie
Cabo Rojo, PR 00623-8907
editora@editoraemergente.com
www.editoraemergente.com

Impreso a la demanda en INGRAM
Lightning Source

TABLA DE CONTENIDO

10   *Ensayos y sus rarezas: a manera de prólogo*

14   *Borrador de auto-ayuda queer: contexto*

17   *Borrador de auto-ayuda queer*

58   *Otras intervenciones*

Si algo así como una Ética LGTBQ es pensable y deseable, ha de partir del hecho de que la lucha contra la homofobia no puede darse aisladamente haciendo abstracción del resto de injusticias sociales y de discriminaciones, sino que la lucha contra la homofobia sólo es posible y realmente eficaz dentro de una constelación de luchas conjuntas solidarias en contra de cualquier forma de opresión, marginación, persecución y discriminación.

Ética marica, Paco Vidarte

*A toda la gente rarita, anónima, a la que se le privó de la
posibilidad de verse, escribirse e imaginarse
en compañía solidaria.*

A Lourdes I. Rolón Collazo, por nuestra fraternidad queer.
A Laura Náter, por ser una de las incitadoras queer de este libro.
A Rima Brusi Gil de Lamadrid, por su complicidad queer.

*A Beatriz Llenín Figueroa, por nuestra felicidad queer,
tan plena y tan rara.*

ENSAYO Y SUS RAREZAS:
A MANERA DE PRÓLOGO

> Habría que redefinir la mirada periférica como una mirada queer,
> y esa mirada sería una mirada desorientadora…
> "Retro-periferia queer", Rubén Ríos Ávila

A Mabel Rodríguez Centeno, mi compi querida, mi cómplice en tantas, mi historiadora, felizmente, queer.

El ensayo es uno de los géneros literarios más camaleónicos, escurridizos y resistentes a clasificaciones impostadas. El ensayo es un género queer por excelencia. Su diversidad exuberante, su ruptura con las recetas del canon y su hechura periférica denotan su versatilidad rara. El ensayo es una forma queer.

Esta colección de ensayos apuesta por las rarezas. Es un librito de auto-ayuda para las comunidades queer. Se alimenta también de conferencias y escritos en línea. Es un borrador modesto que no adula saberes y que se sustenta en las experiencias propias y de gente amada.

Aspira a ser una intervención, una interrupción, una mirada queer. Aspira a filtrarse en la tradición ensayística de nuestro archipiélago boricua, tan masculina, tan heteronormativa, tan AUTORitaria. Aspira a entablar un diálogo entre medios –página y pantalla y viceversa–, entre registros, entre personas.

Es una bitácora de ensayos raritos. Comenzó en la revista digital *Cruce*. Se nutrió de entradas de la revista digital *80grados*. Incluye declaraciones, provocaciones y ensayos leídos en la universidad con el anhelo de establecer puentes con todas las personas posibles. Por eso también puede ser queer.

Este libro no termina aquí. Pretende seguir la conversación, el debate, la solidaridad en una bitácora digital: https://autoayudaqueer.wordpress.com/ y en otros medios. Ojalá y sea posible. Ojalá y la palabra nos vincule. Ojalá y podamos seguir el diálogo y, sobre todo, la acción anti-discriminatoria en todas nuestras esferas.

Ensayemos todxs. No nos dejemos secuestrar la palabra. No nos dejemos arrebatar nuestro derecho a la existencia que imaginamos. Ensayemos hasta que lo logremos.

NOTA: El uso de la palabra queer en este libro se hace eco de un sector del movimiento lgbtt de los años 80 que convirtió el insulto ("raro") en estrategia de lucha y reivindicación. En la pasada década esta palabra ha marcado buena parte de los debates sobre la diferencia –orientación sexual e identidad de género, entre otras– en Puerto Rico. Lo queer engloba una multiplicidad de prácticas contra-corriente que retan el sistema heteronormativo en toda su amplitud y complejidad siniestra.

BORRADOR DE AUTO-AYUDA QUEER:
CONTEXTO

Los libros de auto-ayuda queer tienen una amplia tradición en contextos anglófonos, en especial en Estados Unidos. Sin embargo, en castellano apenas hay unos cuantos títulos, de entre los que destacan los publicados por la Editorial Egales. En puertorriqueño, no conozco ninguno, aunque puede haberlo y no ha llegado a mis manos. De todas formas, esta propuesta –que he preferido llamar borrador para insistir en su carácter provisional, en proceso, en vías de cambio constante– aspira a fomentar la solidaridad a través del diálogo, la reflexión y la compañía. Quiere ser un libro abierto, incompleto, dispuesto a seguirse escribiendo, a ampliarse, a revisarse, a re-inventarse. Por eso, invito a todas las personas que así lo deseen a seguir la conversación en el sitio: https://autoayudaqueer.wordpress.com/. También pueden participar enviando sus preguntas, comentarios y sugerencias a: autoayudaqueer@gmail.com.

Diez de las entradas de este borrador de auto-ayuda fueron publicadas originalmente en la revista *Cruce*: *¿Borrador de auto-ayuda queer?*, *Preguntas (in)visibles*, *Salir del clóset*, *Amigas de la familia o la familia otra*, *La "ilegítima": cuando la muerte nos separe*, *Para cuando ya no estemos*, *En salud y enfermedad*, *Espacios de libertad*, *Por mi madre* y *Un nombre que (no) te representa*. Las restantes las escribí especialmente para este libro y, en su mayoría, fueron sugeridas por amigas. Gracias a todas por estar.

BORRADOR DE AUTO-AYUDA QUEER

Lo que me apetecía era decir huevón de burradas sin tino, que todo el mundo comprenda, que despierten desprecio o solidaridad, identificación o vómito. Sin argumentarlas mucho tampoco, aptas para todos los públicos, sin ropajes de sabidurías importadas, recuperando el buen sentido de la gente de la calle, mi buen sentido cuando no me pongo estupendo o me da por hacer el imbécil o hablar para dármelas de sabihondo. *Ética marica*, Paco Vidarte

Para Laura, quien me entusiasmó hace décadas a escribir sobre estos temas.

Sin ropajes de sabidurías importadas

La última publicación de Paco Vidarte, *Ética marica. Proclamas libertarias para una militancia LGTBQ*, tenía un imperativo de accesibilidad a "todos los públicos". El epígrafe da cuenta de su deliberada factura. Se trata de proclamas que quieren llegar a la "gente de la calle" y articularse a partir del "buen sentido". Ese buen sentido es definido en la misma enunciación. Paco Vidarte deseaba despojarse de sabidurías importadas, tan al uso en las teorías sobre lo queer; quería llegar a la gente común y frecuente. No quería ponerse estupendo, imbécil, ni sabihondo. En pocas palabras, quería que todo el mundo comprendiera lo que se disponía a formular.

Hace algún tiempo me he convertido en estudiante a tiempo parcial de las teorías en general y de las queer en particular. Es mucho lo que he aprendido. Es mucho lo que sigo aprendiendo. Es mucho más lo que sigo sin saber. Pero eso no impide que me inviten a hablar sobre el tema, que escriba manuales de iniciación teórica o que coordine grupos de estudio sobre teorías queer.

En dichos esfuerzos, procuro emular lecciones de Freire y su urgencia por integrar teoría y práctica. A la vez, me topé con Paco Vidarte y su proyecto de ética marica. El mismo es un tratado radical que apuesta por la solidaridad entre todas las causas de discrimen y opresión sin paliativos. Pero, en estas entradas que inicio hoy no voy a explorar, de manera directa, las implicaciones teóricas y prácticas de ese proyecto. Más bien me interesa el pretexto: la discriminación y el sufrimiento rampante y descarado que sigue su curso en la España pos aprobación del matrimonio entre personas del mismo sexo.

Esta vez quiero, como Paco Vidarte y con modestia, desvestirme de las sabidurías y de las argumentaciones importadas –muy valiosas, pero tantas veces insuficientes– para explorar, indagar y ensayar modos en los que se pueda erradicar o limitar a su mínima expresión el sufrimiento cotidiano de las personas queer en Puerto Rico.

Auto-ayuda o identificación solidaria

En una ocasión se me ocurrió que me hubiese sido útil contar con uno de esos libros de auto-ayuda que una compra hasta en los supermercados para cada una de las situaciones cotidianas en las que sufría horrores por ser queer (pata, decía entonces). Lo dialogué con un par de amigas y les encantó la idea. Me animaron a que escribiera uno, y me dijeron que ellas se apuntaban a comentarlo y a darme ideas para completarlo. Pero, siempre aparecía un proyecto académico urgente que se atravesaba entre ese libro y nosotras. Siempre había muchas ocupaciones y urgencias que no nos dejaban encaminar la tarea. Y se pasaron los años sin que hubiera ocurrido todavía (felizmente es un hecho en este instante en que escribo).

Sin embargo, cada día en la universidad me convenzo de lo valioso que podría ser para mucha gente contar con cierta interlocución, cierta compañía, ciertas experiencias ajenas que puedan iluminar las suyas. Esta entrada y las próximas serán dedicadas a ir esbozando aquella idea. No sé si terminará siendo un libro y realmente no me importa. Prefiero pensar que será un ejercicio de identificación y sensibilidad básica que le hará el sufrimiento más leve a alguien y que, mejor aún, catalizará la liberación y la lucha contra toda discriminación. Me anima que se convierta en un esfuerzo colectivo propio del espacio digital para, entre muchxs, compartir cómo podemos vivir, existir y actuar plena y dignamente como sujetos queer en este archipiélago caribeño.

El principio de los libros de auto-ayuda puede causarme profunda sospecha por su comodificación del crecimiento humano atípico, que es el más usual de todos. También pueden ser tremendamente abrumadores porque ubican la responsabilidad mayor en los sujetos que acuden a ellos en busca de soluciones y respuestas. Claro que somos responsables de nosotrxs mismxs. Claro que tenemos que hacernos cargo de nuestra persona, pero no vivimos en el vacío. Somos entes sociales e institucionales y todas esas esferas y sus vericuetos son responsables de mucho también.

No obstante, los libros de auto-ayuda tienen su "encanto" y logran aciertos ineludibles. La gente, mucha gente, los compra y los devora. Si no, pregúntenle a lxs que se enriquecen con las publicaciones de esta hechura. Tienen su gancho, dirían lxs publicistas. Confieso que no he leído demasiados precisamente por las reservas señaladas, pero uno que otro ha caído en mis manos. De hecho, uno de los primeros libros que compré con mi dinero en la *Librería Universitas* fue el famoso, *Tus zonas erróneas* de Wayne W. Dyer. Debo reconocer que me atrapó. Su lenguaje era accesible. Partía del testimonio, de la experiencia, eso me hacía sentir en terreno seguro, y tocaba asuntos que no podía hablar con mucha gente. Un poco así será este proyecto que inicio con ustedes hoy.

"Yo la quería"

Cuando era niña, disfrutaba mucho de jugar a las maestras y de inventarme historias que luego representaba con mis primas. "Yo la quería" fue una de mis historias más célebres. En esa, como en todas, yo creaba conflictos y relaciones amorosas, pero todas las participantes del juego éramos actrices. En las pocas ocasiones en que había algún primo, no cambiaba la distribución de papeles y siempre asumía yo el rol de un varón. Alguna vez, si mi abuela nos cogía simulando un beso en la boca, nos regañaba, pero yo no entendía muy bien el porqué. Ahora comprendo un poco por qué aquellos juegos de nuestra infancia le resultaban tan problemáticos.

Pero para mí fueron un salvoconducto invaluable. Con la excepción del personaje de Farina, en los *Pequeños traviesos*, no contaba con ningún personaje que exhibiera cierta ambigüedad sexual. También fui descubriendo, poco a poco, mi indudable atracción hacia las mujeres.

Las personas queer no contamos con una multiplicidad de representaciones con las que nos podamos identificar desde nuestra infancia para ir forjando nuestros usos y costumbres amorosas. Ese ha sido uno de los silencios más difíciles. Esa es una de las invisibilidades más desconcertantes. ¿Por qué no hay gente como yo en los juegos infantiles, en los muñequitos o en los programas de televisión? Y si lxs hay, ¿por qué son siempre el objeto de burla y rechazo? ¿Cómo lidiar con semejantes ausencias o indignidades?

Como suele hacerse desde antes de la historia, y como lo ha hecho magistralmente la literatura a través del tiempo: con la imaginación. Todxs debemos convertirnos en productorxs de nuestras imágenes, de nuestros deseos, de nuestras preguntas. Si nuestras madres, padres o encargadxs desean cultivar una crianza diversa, queer y digna, deben asegurarse de romper con el binario hombre-mujer, y con tantos otros binarios difíciles de sostener.

"Yo la quería" fue mi modo de hacerlo, pero no es el único. Pese a mis invenciones de la infancia, fue tremendamente doloroso entender y aceptar por qué no me sentía atraída hacia los nenes, sino hacia las nenas. "Yo la quería," pero ¿como vivirlo cada día? Ese fue uno de mis principales dilemas por muchos años.

PREGUNTAS (IN)VISIBLES

> De eso se trata, de inventarnos ese nosotros, de empezar a
> construirlo porque yo recuerdo que alguna vez hubo un "nosotros"
> que ha terminado hecho pedazos, tan hecho añicos que cada vez
> encuentro más imposible identificarme ni sentirme partícipe de
> ninguna supuesta "comunidad gay". *Ética marica*, Paco Vidarte

A Bea, quien no quiere ser rescatada.

PREGUNTAS VISIBLES

En la primera entrega de esta secuela lancé una invitación a hacer preguntas a través del espacio de Comentarios, pero no fui explícita. Pensé que más de una persona se animaría a seguirme el hilo, a tirar de esas memorias que procuro compartir en estas líneas. Deseé que alguien se atreviera a preguntarme. Quise acompañar alguna de esas interrogantes que no cuenta con interlocución, que andan en su búsqueda hace algún tiempo. Pero nadie se animó a hacerlas visibles en este sitio.

Recibí dos mensajes a través de otros medios: uno de Laura y otro de Isabel. La primera, en su estilo acostumbrado, me expresó su gratitud por la idea y su insatisfacción por haber dejado a tientas la historia de "Yo la quería". A ella le interesaba más la narración de esa mujer que yo quería. Ella quería indagar quién era y cómo tenía curso ese cuento.

Laura, ella no tenía nombre en ese entonces y no recuerdo bien su historia. Solo atino a recordar que era la representación de mi atracción. A decir verdad, no sabía bien qué sentía por ella, pero era una proclividad insistente. Era una mujer frágil a quien yo rescataba de su dolor. Por muchos años me he enamorado de esa mujer que inventé en mi niñez. En demasiadas ocasiones me han atraído mujeres que sufren, que están enfermas, que necesitan ser rescatadas. En ellas rescataba a mi abuela, a mi madre y a tantas mujeres que he visto sufrir durante mi vida. En ellas también me rescataba a mí misma.

Me tomó más de una década liberarme de aquella narrativa que me salvó por periodos cada vez más cortos, pero que me condenó las más de las veces. Tenía una lógica implacable: parecía que rescataba a alguien, pero siempre terminaba deshecha y con una urgencia terrible de ser rescatada a mi vez. Y el ciclo se iniciaba de nuevo, con más dolor a cuestas.

Esa narrativa tenía asidero en mi entorno y, tristemente, lo sigue teniendo. No importaba el nombre ni la edad, me sentía rodeada por mujeres dolorosas y doloridas. Sin importar los motivos, siempre diversos, todas estaban hechas polvo. No venía al caso a quién deseaban o amaban: todas sufrían.

Liberarme de esa imagen persistente fue más difícil que aprender a existir de otro modo. Pero hoy, puedo decir que es posible. Es urgente tener la certeza y la determinación de existir siendo una mujer que no necesita rescate alguno. Eso no quiere decir que seamos de hierro. Eso no quiere decir que, más de una vez, no necesitemos que otra nos lleve el paso, que nos recuerde, sencillamente, que somos personas con derecho tanto a la felicidad como a la tristeza, así como a la dignidad.

Hoy yo quiero a otra mujer. Quiero esa mujer que se reconoce en el espejo y sonríe sin superioridad o inferioridad. Quiero esa mujer que se equivoca y acierta sin confesionario de por medio. Quiero esa mujer que camina con paso firme, aunque tropiece. Quiero esa mujer.

Preguntas invisibles

Por su parte, Isabel tardó un poco en reaccionar, pero me escribió uno de sus correos electrónicos más generosos y hermosos. Compartió extensamente su resistencia a los libros de autoayuda. Esbozó argumentos inteligentes e incuestionables. Pero reconoció y admiró la valentía que supone un ejercicio de este tipo y me lo agradeció.

Debo empezar por decir que antes no habría podido escribir estos textos de este modo. Ciertamente he tenido que armarme de cierta audacia y liberarme de algunos closets más. Una no tiene vida suficiente para liberarse de todos los que carga. Pero escribir este texto enuncia la pérdida de algunos miedos importantes.

Todavía recuerdo la ocasión en que un estudiante me comparó con un homosexual que habitaba un círculo del infierno en *La divina comedia*. Me quedé muda frente a la clase sin saber cómo refutar esa verdad. No sabía qué decir. Tantas veces no he sabido qué decir.

Sin embargo, uno de los modos más espléndidos para fortalecer mi estima propia y vivir con dignidad mis múltiples perfiles ha sido tomar la palabra. Esta iniciativa constituye uno de esos esfuerzos. En cierta medida, consiste en articular lo pensado y lo vivido por medio de afirmaciones en vez de a través de respuestas a preguntas impropias o a indirectas mordaces. Consiste en exhibir vulnerabilidades con fortaleza y en reconocerse en proceso, sin respuestas finales ni conclusiones definitivas.

Narrar y desplegar nuestra vida como personas queer –sin confesiones ni hagiografías– es una celebración de nuestra humanidad y hace falta. Necesitamos más referencias, más empatías, más identificaciones. Necesitamos exigir esa palabra nuestra que nos toca. Necesitamos hacer nosotras las preguntas.

SALIR DEL CLÓSET

Al fin y al cabo, son ellos los que nos han metido en el armario y el cabreo es comprensible. Es una liberación, como salir de la cárcel, y para ello no hay que pedir permiso. Es un acto revolucionario. Nada de contemplaciones con el carcelero ni con quienes silenciaban nuestra prisión, la incentivaban o promovían como fuera. El factor sorpresa es fundamental. Para romper el hielo es suficiente. Luego, poco a poco, sin bajar nunca la guardia, se puede ir llegando a un tono de conversación habitual, sin perder la naturalidad ni la espontaneidad nunca (a estas alturas convendría haberse quitado ya el disfraz de Rambo). Y sin mostrar flaquezas, debilidades ni miramientos. "Cómo salir del clóset sin patetismos: entre la ironía y la revolución", Ricardo Llamas y Paco Vidarte

A mi hermana querida, Lourdes, por trazar tantos caminos con
generosidad sin igual.

¿Cuándo puede ser revolucionario?

En la entrega pasada comentaba cómo a una no le da la vida para salir del clóset. Cuando una piensa que ya lo ha hecho demasiadas veces y se frustra e indigna porque nadie debería verse obligadx a "salir" si no lx hubieran encerrado allí en primer lugar, se presenta otra ocasión en la que hay que salir o callar. Todavía recuerdo la primera vez que salí del clóset frente a mi madre, mi hermana y mi hermano. Pensé, ingenuamente, que sería la primera y última vez: si mi familia inmediata lo sabía, ¿quién más me importaba? Pero me equivoqué. Siguió y sigue ocurriendo, muchas más veces. Sin embargo, cada vez ha sido distinto, aunque no mejor ni más fácil necesariamente.

Aquella primera vez mi salida del clóset se debió a la violencia homofóbica más mezquina: un tío iracundo y resentido le había reprochado a mi madre tener dos hijas con una moral cuestionable a propósito de una discusión por dinero. Mi madre nos defendió a capa y espada, y aseguró que aquella acusación era una vil y simple calumnia. Entonces se dio a la tarea de argumentar que "eso" que decía mi tío a medias, cobardemente, era una mentira. Nos lo contó temblando de rabia. ¿Cómo se atrevía su hermano a difamar a sus hijas? ¿Quién era él para decir tamaña falsedad?

Mi hermana y yo, después de ponderar las consecuencias, decidimos hablar con mi madre en formato de cumbre familiar, como le llamamos, para despejar dudas de una vez y por todas y para atajar la afrenta del tío. Convocamos a mi hermano y a mi madre. Iniciamos un diálogo razonable en el que insistíamos en que mi madre no se dejara ningunear por su hermano bajo ninguna circunstancia. Él ni nadie tenía derecho a maltratarla por nada. Al principio, la cumbre parecía un diálogo de clan solidario.

Pero en el momento en que mi hermana se adelantó a decir que "eso" que mi tío insinuaba era verdad, mi madre se puso doblemente iracunda. De pronto, su pobre hermano era profeta y nosotras unas sinvergüenzas que le ocasionábamos el dolor más grande. Lloró, gritó, reclamó. Deseó que fuéramos cualquier otra cosa menos "eso". Y, finalmente, se enojó y calló.

El proceso de salida del clóset con mi madre duró varios años. A ratos pienso que no ha concluido, pero ciertamente los términos se han redefinido. Ya no se trata de una reacción a la homofobia ajena, sino de una afirmación decidida y firme que se niega a volver al silencio y al oprobio. Ya no se trata de una mentira tras otra cuya cadena concluye en una escena melodramática y patética, sino de un grito dignificado y asertivo que reclama derechos negados.

Como proponen Llamas y Vidarte en el ensayo citado en el epígrafe, salir del clóset no debe suponer una humillación más. Por el contrario, debe ser un contra-ataque, una bofetada a esa sociedad indecente que recluye lo otro, aquello que estorba su frágil lógica normativa. Salir del clóset puede ser un acto revolucionario si se configura a partir de nuestros términos, condiciones y medios. Pero si no es a nuestra manera, no debe ser. Si no ocurre cuando nuestras circunstancias lo permitan y lo decidamos nosotrxs, entonces puede convertirse en una violencia aun mayor.

Salir del clóset puede ser revolucionario cuando se articula como ataque a las convenciones sociales más estériles y falsas. Puede también serlo cuando se orquesta como iniciativa colectiva, a lo Fuenteovejuna, contra la homofobia institucionalizada. Puede ser revolucionario cuando ocurre y es posible tal como lo describen Llamas y Vidarte. Pero no siempre puede ser así. No puede serlo en todas las ocasiones ni para todas las personas.

¿Cuándo no debería ser?

Salir del clóset puede ser terriblemente demoledor si no ocurre según nuestros designios y bajo ciertas condiciones. Puede significar mayor persecución y discrimen. Puede significar perder la escasa seguridad material con la que muchas personas cuentan; quedarse en la calle; perder la manutención de las madres y de los padres. No podemos perder de vista que salir del clóset tiene un perverso eje de clase. No es lo mismo salir del clóset cuando se tiene autonomía material y hasta riqueza, que cuando no se tiene.

Salir del clóset implica también otros ejes de cuya consideración no podemos prescindir. No es lo mismo salir del clóset en el campo que en la ciudad. No es lo mismo si se nació en un género o en otro, o si se nació con un cuerpo que no nos corresponde. No es lo mismo salir del clóset en la universidad que en tantos otros escenarios.

En una palabra, salir del clóset es tremendamente coyuntural. Puede o no ser revolucionario. Y sabemos que no todxs nos vemos obligadxs a hacerlo. ¿Quién tiene una cumbre familiar para declarar que es heterosexual?

A fin de cuentas, salir del clóset debería no ser. Nadie debería tener que "salir" porque nadie debería ser metido nunca. Esxs que nos meten en el clóset deberían verse iluminadxs por una revelación justiciera: el deseo tiene su propia lógica y, entre iguales, no hay nada escrito. Salir del clóset debería ser una experiencia en desuso por innecesaria, pues ya nadie estará en ningún clóset.

Mientras llega ese día, tengamos la mesura de no recetar la salida del clóset a nadie. Respetemos los procesos de cada quien y seamos solidarios. Trabajemos, desde nuestra esquina y como nos sea posible, para que algún día, muy pronto, nadie tenga que ser mártir, heroína ni víctima.

AMIGAS DE LA FAMILIA O LA FAMILIA OTRA

Los ojos no sirven de nada a un cerebro ciego. Paco Vidarte

¿FIESTAS?

Las fiestas navideñas en Puerto Rico son un acontecimiento familiar de primer orden. Cada año se impone el tono de concordia o discordia a partir de aquellas actividades en las que se participa o no, aquellos encuentros que se auspician o no, y aquellas presencias que son bienvenidas o no. Para muchas de las personas queer, la época navideña es una verdadera pesadilla.

Otrxs pasan de hacer más concesiones y sencillamente no asisten a los juntes familiares. Reconstruyen la fiesta a su modo y se reapropian de los signos de celebraciones que, generalmente, lxs invisibilizan y lxs excluyen. La "familia" se re-inventa en multiplicidad de perfiles a partir de espejos rotos de la convención. La "familia" es un significante preñado por los sexualidades queer. Hemos aprendido a nombrar "familia" un cúmulo de relaciones que, en el mejor de los casos, tiene como referente la idea del apoyo, del querer y del respeto por encima de toda consideración.

AMIGAS DE LA FAMILIA

Esta Navidad decidí irme a la montaña. El paisaje espléndido de Adjuntas fue el escenario escogido para escapar del bullicio de las fiestas familiares. El anonimato se vislumbraba como una posibilidad de pasarla bien sin sobresaltos.

El 29 de diciembre celebré mi cumpleaños en una hacienda de Adjuntas que promete, a través de una cena creativa magnífica, restaurARTE. La seducción de esa combinación entre buena comida, buena compañía y restauración a través del arte fue ineludible.

Cuando llegamos al lugar, el dueño de la hacienda nos recibió en el estacionamiento con el performance del caballero hacendado. Parte del espectáculo incluía su narración sobre cómo él quería ser jíbaro y había terminado siendo hacendado.

Él no lo contaba así, pero quedaba bastante claro. El caso es que en un gesto típico boricua, empezó a preguntar quiénes componíamos el grupo. Mi madre se adelantó a decir que mi hermana y yo éramos sus hijas y que nuestras compañeras eran "amigas de la familia". Estaba medio mareada con el cuento del hacendado que quería ser jíbaro y no pude reaccionar. O quizá, sencillamente, fue otro de esos momentos bochornosos en los que prefieres seguir la corriente y no empezar a hacer declaraciones ni precisiones.

Estuve más de una hora con la frase dándome vueltas: "amigas de la familia". Mi madre, evidentemente no sabía de qué modo presentar a nuestras parejas, así que recurrió a un código usual y verosímil. Ciertamente ellas son amigas de la familia en más de un sentido. Pero también son las personas con quienes compartimos la vida hace años, y esa precisión quedó silenciada. Son las mujeres que deseamos y amamos, y eso tampoco se dijo porque eso no se dice.

Me consolé, en silencio, con la venganza de la polisemia que suponía tal declaración. Nuestras amantes eran amigas de la "familia". De la nuestra, por supuesto. Pero, mejor aún, de esa familia que importa y te hace la diferencia en el día a día. De esa familia otra que no tiene nada que ver con la familia heteronormativa y que se llama de muchas otras formas. Ellas son esa familia que escogemos pese a todas las resistencias de la familia ortodoxa. Ellas son el quiebre, la grieta y la crisis de esa familia insulsa, machacona y terrible que nos saca de su reino en ruinas.

El hacendado que quería ser jíbaro había quedado en la trastienda de mis reflexiones silentes. Mas su empeño en ser jíbaro, siendo un hacendado residual en pleno siglo XXI, era una metáfora del tinglado heteronormativo y su contubernio con la institución familiar a estas fechas. Ni jíbaro ni hacendado. Ni lo uno ni lo otro.

La familia oficial está en crisis desde sus orígenes. A estas alturas es risible que sus defensores no asuman la responsabilidad de su impostura y sigan pensando que las sexualidades queer y algunas agendas liberales (como el matrimonio entre personas del mismo sexo) son su verdugo. Nada más incierto. La muerte de la familia heteronormativa se trata más bien de un suicidio. Sus propios parámetros se han enquistado y no parece haber remedio porque la auto-reflexividad es anatema. Por eso, precisamente, desaparecerá como hetero norma y como familia excluyente.

La *familia otra* se multiplicará por rutas alternas. Creará formas de convivencia y solidaridad que no impongan ni nieguen la reproducción. Imaginará nexos contingentes que salvaguardarán la libertad a toda costa. Celebrará fiestas en las que se excluirán las exclusiones. Convocará y recibirá a quien quiera comparecer. No será un imperativo ni una exigencia. Será complicidad cuando haga falta y no se agotará en las palabras, los gestos y las cosas por decreto.

Que la familia no sea ley. Que nuestras amantes no tengan que aplicarse un nombre o una palabra para contar.

LA "ILEGÍTIMA": CUANDO LA MUERTE NOS SEPARE

Conocemos por propia experiencia que los derechos humanos son un instrumento político de opresión y un muro de contención frente a reivindicaciones de base mucho más radicales. Paco Vidarte

A Osvaldo Burgos y a Gerardo Bosque, por la labor que hacen en beneficio de nuestras poblaciones queer en Puerto Rico.

CUANDO LA MUERTE NOS SEPARE...

A finales de febrero de 2013, y en preparación al *V Coloquio ¿Del otro la'o?* que se celebró en la UPR-Mayagüez en marzo de 2014, asistí a una conferencia de los licenciados Osvaldo Burgos y Gerardo Bosque. La misma tenía como tema central el derecho de sucesiones en las relaciones queer. La preocupación sobre qué ocurriría cuando muera una de las partes en una pareja del mismo sexo, o de cualquier sexualidad queer, debe ocuparnos a todxs sin importar la edad que tengamos.

Son innumerables y desgarradoras las historias de parejas que estuvieron juntas por décadas y, ante la muerte de una de las partes, la otra queda totalmente desprotegida y al margen del espacio y de los objetos que en su día fueron parte del patrimonio material y simbólico de ambxs. La casa, la habitación, la cocina, los libros, la mesa de noche, un cuadro o, sencillamente, cualquier signo de esa relación, por más sencillo que sea, son secuestrados demasiadas veces por integrantes de la familia que nada o poco tuvieron que ver con esas personas en vida. Peor aún, muchos de esxs familiares que aparecen de hasta debajo de las piedras en el velatorio o en el servicio fúnebre fueron ávidos en discriminar, rechazar e insultar las prácticas y los amores queer de quien ahora muertx parece interesar y ser persona cercana.

¿Qué hacer en vida para garantizar un suspiro de justicia para esa persona a quien hemos amado y con quien hemos compartido buena parte de la vida? ¿Cómo asegurarnos que esas historias de horror tan frecuentes empiezan a ser cosa del pasado? ¿Cuándo es propicio pensar en ese momento en el que la muerte nos separará?

Las respuestas a dichas preguntas no son sencillas, pero es preciso orientarnos y tomar acciones urgentes para acercar a nuestros deseos el modo en que se distribuirá nuestro legado. No solo me refiero a bienes materiales de valor de cambio, aunque estos son los que provocan mayor zozobra ante la muerte y los intereses creados. Pienso, por ejemplo, en las notas en servilletas, en los diarios, en las fotos, en el cúmulo de mementos que algunxs acumulamos de por vida y que son invaluables en más de un sentido.

LA LEGÍTIMA ILEGÍTIMA O EL DERECHO DE SUCESIÓN VIGENTE EN PUERTO RICO

De acuerdo con el estado de derecho de sucesiones actual, y a tenor con un código civil con ineludibles visos coloniales, aquellas personas que jurídicamente somos consideradas solteras estamos obligadas, por virtud de "la legítima," a legar nuestros bienes a nuestrxs ascendentes (padre o madre legal) o descendientes (en aquellos casos en donde haya hijxs legalmente reconocidxs). Para los ascendentes tenemos que disponer el 50% de nuestros valores. A los descendientes, por su parte, les corresponderían según "la legítima" dos terceras partes. Dicho de otro modo, solo tenemos verdadera decisión sobre la mitad o sobre una tercera parte de lo que poseemos. Sin embargo, es preciso que hayamos hecho testamento a favor de nuestra pareja para que esta pueda disfrutar de la mitad o de una tercera parte de nuestro legado. Obviamente, la ley solo implica los bienes materiales, pero si el hogar (en caso de existir) queda en manos de la familia extendida, todo lo que contenga estará sujeto al arbitrio y a la buena o mala voluntad del/de la beneficiaria en cuestión.

Si usted no ha tenido hijxs y su relación con su madre o padre ha sido desastrosa, precisamente por su orientación sexual o por las razones que sea, eso no impide que ellxs tengan el derecho legítimo a la mitad de sus posesiones. Así de irónico, así de increíble, así de ilegítimo.

El derecho de sucesiones ha sido pensado para una sociedad heteronormativa y para un sistema capitalista. De eso no hay duda. "La legítima" pudo o puede tener sentido para ciertos casos de hijxs de relaciones heterosexuales, pero para las parejas del mismo sexo no tiene razón de ser. Incluso a partir de la más reciente y repudiable opinión de nuestro Tribunal Supremo respecto al derecho a la adopción es una atroz injusticia.

Es preciso que nuestro sistema de derecho y, en particular, nuestro código civil tome en consideración justa a todas las personas de este país. Es imperativo que se amparen nuestras relaciones, llámensele como se les llame. Es urgente que cada una de nosotras como ciudadanas exijamos equidad, denunciemos la institucionalización de la homofobia en nuestro sistema judicial y demandemos al estado para que tome cartas en el asunto y se haga responsable del derecho de todxs.

Pero, en sintonía con Paco Vidarte, merecemos más, mucho más que eso. Tenemos que reclamar condiciones mucho más radicales. Seamos inconformes y rebeldes incluso con los derechos humanos que históricamente han salvaguardado solo a algunxs y han excluido a las sexualidades queer. Los derechos humanos si bien han servido y siguen sirviendo como asidero para múltiples luchas, están lejos de ser el horizonte último. Nos toca mucho más que eso a todxs.

Algunas soluciones mientras tanto…

Mientras logramos tener una ciudadanía plena y cambiamos radicalmente el mundo en que vivimos, no podemos quedarnos de brazos cruzados. Recojo a continuación algunas sugerencias de la presentación de Osvaldo y Gerardo:

- si tenemos hogar, es preciso ponerlo a nombre de ambas partes;
- es fundamental hacer testamento a favor de nuestra pareja;
- debemos asegurarnos que si tenemos seguros de vida, estos están a nombre de nuestra pareja o de la persona que realmente deseamos reciba ese beneficio;
- debemos restringir cualquier legado discrecional de nuestra parte para que se cumplan los amparos que deseamos, tanto para nuestras parejas como para nuestras mascotas, nuestros objetos…
- es preciso hacer un poder no restrictivo para que nuestras parejas puedan tomar decisiones en caso de enfermedad grave o inconsciencia;
- debemos establecer por escrito y con claridad qué tipo de asistencia médica deseamos o rechazamos y quién deseamos tome decisiones en caso de inconciencia…

La muerte es una realidad ineludible en nuestra vida. Es parte de ella. Abracemos su inevitabilidad. Declaremos ilegítima "la legítima" que nos obliga a legar nuestros bienes de cierto modo. Retemos la veta homofóbica del derecho vigente y luchemos por otro, seguramente imperfecto, pero infinitamente mejor que nos cobije a todxs.

Nota: El 26 de junio de 2015 el Tribunal Supremo de los Estados Unidos declaró inconstitucional la prohibición del matrimonio y sus cobijos entre personas del mismo sexo. Esa decisión generó de inmediato una Orden Ejecutiva en Puerto Rico para viabilizar matrimonios entre personas del mismo sexo en el país. Algunos asuntos planteados en esta entrada podrían solucionarse para aquellas personas que decidan contraer matrimonio.

PARA CUANDO YA NO ESTEMOS

A menear el edificio hasta que le salgan grietas. Paco Vidarte

A Moisés Orengo, productor de Alex y Fabio ya no están *y cómplice desde aquel día que se apuntó a crecer.*

SEPARACIONES EN EL CLÓSET

Quién ha llorado a solas por meses o años a causa de un amor que ya no está? ¿Quién sigue viviendo el día a día como si nada, pero está rotx por dentro por un amor que ya se fue? ¿Quién ha vivido una separación brutal en silencio? Muchas personas queer, es la respuesta. Una de las situaciones más dolorosas del clóset es vivir una ruptura. Empezamos y terminamos y solo lo saben unxs pocxs. Salimos y nos dejamos y, a veces, solo lo sabemos lxs implicadxs. Y cuando se acaba, estamos a solas con la soledad callada.

Las dejadas, cuando estamos en el clóset, son pesadilla las más de las veces. Recuerdo aquella vez en que me enteré que mi primera compañera se casaba. No estaba sola. Tenía visita familiar. Se me cortó la palabra. No atinaba a sentir nada. Me preguntaba cómo iba a seguir la agenda del día si ya no quería nada de nada. Pero el día continuó y no recuerdo cómo. Solo sé que fue uno de los momentos más crueles de aquel clóset.

Las separaciones en el clóset son uno de los perfiles más perversos de la homofobia social. En un país tan melodramático como el nuestro, son indecibles.

ALEX Y FABIO YA NO ESTÁN

El 19 de marzo de 2013 tuvimos en la UPR-Mayagüez la última actividad de este semestre en preparación al *V Coloquio ¿Del otro la'o?* Esta vez se trató de un panel y visionado del cortometraje puertorriqueño *Alex y Fabio ya no están*, dirigido por Alejandro Orengo Colón. Como parte del diálogo, el joven cineasta declaró que después de haber visto muchas películas de tema queer quiso hacer un proyecto que se centrara en cómo era vivida la separación en una pareja gay. El mayor atractivo de ese tema fue lo poco o nada que había sido tratado en la tradición cinematográfica que consultó.

A partir de su declaración, me puse a hacer memoria y, en efecto, creo que contamos con pocas o escasas representaciones culturales de ese experiencia en la filmografía queer. Abundan lxs malvadxs, lxs anti-sociales y lxs traumas de la salida del clóset. Sobran las tragedias y los melodramas por la sola existencia queer. Pero qué pocos referentes tenemos sobre el fin de las relaciones raras.

Alex y Fabio ya no están apuesta a decir lo silente. Escoge nombrar eso que nos pasa cuando las parejas –que empiezan como una promesa para siempre– terminan. Afirma que los amores se acaban también para las parejas queer, y que es justo decirlo, vivirlo, honrarlo. Este cortometraje es una golondrina en la historia del cine puertorriqueño. Si bien se puede afirmar que el tema queer se ha hecho más visible en la última década de nuestro cine, este proyecto pone su acento en una experiencia que es preciso declarar y acompañar con mayor denuedo y sensibilidad.

Alex y Fabio se amaron y ese amor terminó. Esa es una vivencia humana, afirmó Alejandro, muy atinadamente, durante el panel. De *Alex y Fabio ya no están* destaca, además, su música hermosa, su fotografía lúcida y su montaje maduro pese a la juventud de su director y del equipo de trabajo. En definitiva, este proyecto fílmico logra ser compañía de quienes están en el clóset y se separan. Al enfrentar lo indecible, figuran la solidaridad que tanta falta nos hace.

Cada unx de nosotrxs, felizmente queer, debe sentirse interpeladx por esta realidad de muchxs. Sigamos moviendo el edificio de la justicia y la equidad. Lograremos quebrar ese y otros tantos silencios. Exijamos la dignidad y el derecho al dolor y a la dicha de todxs.

En salud y enfermedad

> Sigo vivo, sigo atento, y observando con el tiempo esta extraña
> enfermedad inclasificada que te afecta muy deprisa, que te quita la
> sonrisa, cuyo síntoma es que ya no importa nada.
> Fito Páez

A Laura, por todas las lecciones...

Una de las frases del rito matrimonial católico que más ha llamado mi atención por mucho tiempo es esa que habla sobre el imperativo de la presencia constante de la pareja en la salud y en la enfermedad. Esa esperanza afirma una de las manifestaciones más espléndidas de la amistad en las relaciones amorosas. Ese estar ahí, no importa las condiciones, es lo que esperamos de la incondicionalidad.

La gente queer también se enferma, y cuando nos ocurre se desatan dinámicas en las que no solemos pensar cuando estamos en salud, pero que nos hermanan irremediablemente con toda persona que se enferma. ¿Qué hacer con las visitas inesperadas? ¿Cómo bregar con las ausencias dolorosas? ¿Cómo adaptarnos a la cotidianidad rota y al porvenir incierto? ¿Cómo disponer de los procedimientos médicos si no estamos en conciencia? ¿Quién debe tomar las decisiones? ¿Cómo seguir viviendo cierta plenitud aun en la enfermedad?

Ante todo es fundamental que conservemos, celemos y honremos nuestra dignidad. La enfermedad no puede ser luz verde para que se nos trate de otro modo, se nos infantilice, se nos prive de ese modo de vivir que hemos tenido hasta la fecha. El primer antídoto para la enfermedad es el respeto a nuestra dignidad.

La enfermedad, como la muerte, es una realidad humana cotidiana. Pero, extrañamente, la vivimos como un *happening* cada vez que se asoma. Lo mismo les ocurre a lxs hetero. La enfermedad lxs asalta y lxs sorprende. Pero, ¿qué de particular ocurre –si algo– cuando quienes nos enfermamos somos queer?

Lo más común es que algunas familias extendidas asuman que estamxs solxs en el mundo y que tienen todo el derecho para decidir por nosotrxs. Tampoco saben muy bien qué hacer con nuestra pareja y con la nueva situación en nuestra vida. Cada diálogo con ella se torna denso y ajeno. Es como si les costara reconocer quién es ella justamente en esta coyuntura.

Menos usual es que nos den el espacio y reconozcan, como suele ser el caso, que seguimos siendo lxs adultxs de antes de la enfermedad. Menos común es que le pregunten a nuestra compañera antes de aparecerse y que honren su lugar en nuestras vidas. Pero, a veces, ocurre y si no, tenemos que exigir que sea así. El segundo antídoto para la enfermedad es el honrar nuestras parejas y reconocer su importante lugar en nuestras vidas.

Finalmente, y de cara al interior de nuestras relaciones, es imprescindible que nos traten como seres que estamos vivxs, atentxs y observando. La enfermedad no es sinónimo de muerte. La enfermedad es la manifestación de nuestra materialidad. Es cambio y siempre, afortunadamente, estamos cambiando.

El tercer antídoto que propongo es, justamente, que nos traten como personas vivas. Nuestra pareja, nuestrxs amigxs, nuestra familia extendida no deben olvidar ni un solo instante que estamos ahí plenamente hasta el último día. Que nuestra metáfora de la enfermedad sea una afirmación luminosa de que estamos aquí todavía, de que todo importa.

ESPACIOS DE LIBERTAD

"Si volviera a nacer, volvería a ser maricón". O lesbiana. En esto coincidimos todos, al menos todos los que seguimos vivos heroicamente en una sociedad heterosexista y homofóbica porque hemos conseguido salir indemnes con mejor o peor suerte de sus criminales políticas de propagación del VIH, de acoso y persecución institucional y social desde pequeños hasta mayores. Esto es el orgullo gay, no otra cosa. Orgullo de seguir vivos y haber sorteado todo un dispositivo de disuasión encaminado a reprimir, desviar, invertir, obstaculizar, penalizar, martirizar física y psicológicamente nuestra preferencia sexual.

Paco Vidarte

Desde un tiempo a esta parte, no pasa una semana sin que me entere de una estudiante que salió del clóset y la echaron de la casa, de otra que hizo lo propio y la golpearon después de quitarle todo privilegio de comunicación social, de una más que al hacerlo le quitaron todo apoyo económico para continuar estudios. Las historias se multiplican. De seguro quien lee conoce muchas más que son verdaderas situaciones de horror. El denominador común de estas tragedias cotidianas es la homofobia paterna-materna que campea con su falta de respeto por doquier en nuestro país. Hay sus excepciones, pero son las menos. La mayoría de las madres y de los padres nuestras consideran que una manera de hacernos recapacitar y que se nos quite ese "capricho" de ser lesbiana, gay o trans es privarnos de ciertos bienes materiales o abusarnos físicamente. Nada más perverso y contrario a la buena maternidad y paternidad.

No hay que ser madre para saber que a las personas se les debe tratar con dignidad y se les debe respeto. No hay que ser padre para saber que tal filiación no se alimenta solo con bienes materiales, sino con afecto e incondicionalidad. No hay que ser madre para saber que los golpes no "sanan" la orientación sexual ni el deseo de nadie. Los ejemplos que contradicen tal desatino se multiplican a lo largo de la historia.

¿Qué hacer con esta dura realidad? ¿Cómo atajarla? ¿Cómo destruirla? Las soluciones no son fáciles, pero un paso imprescindible es saber y actuar con la certeza de que no debemos nada a nuestras madres ni padres y mucho menos a la sociedad por ser lesbianas, gays o trans. No debemos nada. Por el contrario, nos deben siglos de equidad y libertad.

Un paso difícil, pero fundamental, es advertir a nuestras madres y padres contra su proceder maltratante. Si este persiste, es justo elevar nuestro reclamo a las instancias pertinentes. Sé que este asunto puede ser peliagudo si nos topamos con la homofobia institucional rampante en Puerto Rico, pero hay que hacerlo.

Por otro lado, urge que nos diseñemos espacios de libertad. Es importante que fortalezcamos nuestra red de apoyo. Es necesario que exijamos justicia en los espacios públicos. Es urgente que identifiquemos aliadas. No es suficiente. Pero por algún sitio tenemos que empezar a establecer redes para forjar más espacios de libertad queer en este país. Se nos va la dignidad y la vida en ello.

NOTA: Una de esas aliadas es la iniciativa de la UPR-Mayagüez llamada Coloquio *¿Del otro lao?: perspectivas sobre sexualidades queer* que se celebra cada dos años. En este escenario de alianzas podemos escuchar testimonios y hallazgos de especialistas. También podemos conocer organizaciones cómplices que, día a día, laboran en pro de las comunidades queer.

POR MI MADRE

> Lo que es preciso defender es el derecho de todo cuerpo,
> independientemente de su edad,
> de sus órganos sexuales o genitales, de sus fluidos reproductivos y
> sus órganos gestantes, a la autodeterminación de género y sexual.
> El derecho de todo cuerpo a no ser educado exclusivamente para
> convertirse en fuerza de trabajo o fuerza de reproducción. Es
> preciso defender el derecho de los niños a ser considerados como
> subjetividades políticas irreductibles a una identidad de género,
> sexual o racial.
> ¿Quién defiende al niñx queer?, Beatriz Preciado

A Dilia Esther

AYER

En algunas de mis entradas previas he aludido a mi madre de un modo u otro. Ella suele estar presente en todo lo que hago aunque no entienda. Ella suele moverse en todos mis círculos y es una figura presente en mis días. Nos hemos acompañado en un proceso largo y, a veces, terriblemente doloroso de salir del clóset. Ella de su clóset de madre de una lesbiana bastante pública y vocal. Yo de ese clóset sinuoso que me sale al paso todavía porque, pese a todas mis luchas y a todos mis logros, tengo miedo a veces.

Recuerdo cuando me acompañaba a conferencias y se sentaba allí sin decir nada por largas horas. Luego conocía a la gente con la que me rodeada –generalmente queer– y siempre alguien se dejaba adoptar y la adoptaba. Por su ternura, por su tono de voz cantado y sereno, por su presencia en semejante ocasión. También recuerdo cuando iba conmigo a la Biblioteca Nacional y se convertía en mi asistente de investigación con agrado. Hacía las tareas más delirantes que se me ocurrían. Se entretenía. Caminaba conmigo. Descubría lo que me apasionaba y lo que me atormentaba. Generalmente, no decía mucho. Sencillamente estaba y hacía.

Un día, en uno de los hostales que frecuentábamos cuando íbamos a Madrid tuvimos la conversación más desgarradora que recuerde. Fue sobre nuestro clóset. Fue sobre sus miedos y los míos. Fue tremendamente difícil, pero liberadora. Aquel día, ambas sacamos el valor de decir lo que habíamos callado por bastante tiempo. Aquel día nos sentamos en la orilla de la cama, nos miramos de frente y lloramos. Aquel día yo le dije que no habría más mentiras y ella, callada, me dijo: está bien. Está bien que estés lesbiana, está bien.

Y AHORA

Reconozco lo profundamente avasalladora que puede ser la figura materna por estas tierras. Lo he vivido y sufrido. Pero debo honrar también ese modo sereno, silente y tierno con que mi madre se ha movido, a veces sin notarse demasiado, de ese paradigma aplastante. Quiero honrar a la mujer que me defendió desde niña de tantas violencias y me regaló libertad. Mi madre fue una de las cuidadoras más presentes y flexibles que haya conocido. Me regaló determinación. Me regaló arrojo. Me regaló audacia. Me regaló una insobornable incondicionalidad aun sin entender.

Ahora ella empieza a olvidar y yo quiero recordarle quién ha sido. Ahora ella empieza a ser niña de nuevo y yo quiero protegerla de ese miedo. Ahora ella empieza a ser vulnerable y yo quiero asegurarle que estaré tanto como pueda.

Mi madre, a su modo, ha defendido a mi niña queer y me sigue defendiendo. Admito que es una rareza, así como la relación que hemos podido diseñar luego de aquella conversación a la orilla de la cama en un hostal de Madrid. Hoy, leo a Beatriz Preciado y su apología de la autodeterminación y la subjetividad política indefinida y pienso en mi madre. Por mi madre...

Un nombre que (no) te representa

¿Qué hay en un nombre? (Shakespeare, *Romeo y Julieta*)

A Sam, por enseñarme lo imprescindible sobre un nombre.

U na de las campañas por los derechos de las personas trans en Argentina invoca la diversidad como fundamento de la humanidad, toda vez que insiste en las implicaciones que hay detrás de un nombre, en especial para lxs trans. Que te llamen María y te concibas José debe ser un tormento en el día a día. Que te hayan registrado al nacer como Pedro y te hayas re-creado como Claudia –porque es consecuente contigo y con todo lo que anhelas ser y estar– debe ser un fastidio cotidiano. Llamarte uno cuando te nombran una tampoco te permite ejercer la ciudadanía. Así lo viven y declaran muchas personas. Así no debe ser, pero lo es en muchos contextos. Así es al día de hoy en nuestro Puerto Rico.

El nombre es una marca, una distinción, una diferencia. Pero, ¿qué pasa cuando no se corresponde con esa hechura nuestra que construimos en cada gesto, en cada acto, en cada deseo? ¿Qué hay en un nombre que no nos representa? Hay opresión, discriminación y silencio. Hay extrañeza. El nombre no representa a la persona y, por tanto, no la nombra.

Hace varios semestres tuve un estudiante trans en mi clase de mitología. Parecía justicia poética. Era la clase perfecta para nombrarlo. Él se presentó con su nombre, con el que escogió una vez afirmó quién era y estaba. Él se llama Sam. Sin embargo, cuando cotejé la lista oficial de registraduría, el nombre que aparecía allí (Samantha) no se refería al cuerpo, a la voz y a la persona que se había presentado hacía unos minutos. Tuve que mirar dos veces el papel. Tuve que mirar tres veces a Sam. Guardé silencio. En un momento discreto, le pedí que se quedara al final de la clase. Él lo hizo con gusto. Cuando todxs sus compañerxs se habían ido, le pregunté, ¿cómo prefieres que te llame en clase? Me respondió, conmovido, Sam, profesora, Sam. Y se echó a llorar. Yo, por mi parte, no sabía qué hacer. No recuerdo qué le dije. Pero, él me sacó del apuro y, entre lágrimas, me dijo que era la primera profesora que le había preguntado cómo debía llamarlo. Me lo agradeció y se fue del salón enseguida.

Esta escena no es usual, pero debería serlo. Cada educadorx debería, mínimamente, educarse sobre la diversidad, sobre la multiplicidad de identidades que existen o podrían existir, sobre los nombres que han sido innombrables por siglos, pero que ya es tiempo que se griten a los cuatro vientos. Toda persona debe tener el derecho a ser nombrada a su gusto, a su manera. Si nuestro derecho no la ampara, triste de sí. Más le valdría hacerlo de una vez y por todas.

¿Qué hay en un nombre? Hay años, siglos y milenios de exclusión y de silencio. Pero también hay la promesa de que, algún día, habrá correspondencia y justicia. Sospecho que a Sam no necesariamente le importa la categoría en que lo encasillen en el espectro LGBTTQI. A Sam le importa el nombre con el que bautizó su vida cuando se hizo cargo. Aquellos nombres, incluso la palabra queer, son posiciones estratégicas, prácticas de afirmación que, en el mejor de los casos, son coyunturales. Hay nombres para la identificación y esos son importantes para la lucha.

Pero hay otros nombres que nombran una vida y esos son distintos. Esos figuran un existir. Esos son una diferencia sin pausa. Esos te representan. Te susurran lo que hay en un nombre.

VEJEZ QUEER

La vejez no es considerada socialmente como lo que verdaderamente
es: un éxito; uno de los hechos más positivos de los últimos tiempos
ya que, en realidad, lo que se ha conseguido es democratizar la
esperanza de vida... "Vejez y orientación sexual", Beatriz Gimeno

A Yoryie Irizarry, por sus luchas en favor de la vejez queer

Por más de tres décadas, me pensé eternamente joven.
Me miraba en el espejo, con el paso de los años, y cada
día me reconocía menos. Era como si mi imaginación
negara el rastro que iba dejando el tiempo. Pero, mi cuerpo,
esa materialidad tan mía, me fue revelando su ocaso. Un
buen día, a mis 43 años, tuve un signo inequívoco de la vejez:
de golpe y porrazo comenzó mi menopausia. Los calores
arbitrarios, sin aviso previo, y los cambios anímicos más
descontrolados de lo usual eran solo algunos de sus signos en
mi cuerpo. Ante esa evidencia contundente, no pude seguir
alimentando aquella quimera. Mi cuerpo me daba cuenta de
que la vejez había llegado para afincarse y manifestarse, poco
a poco, en toda su expresión. Con profundo desconcierto,
pero sin resistir demasiado, le di la bienvenida a una nueva
vida. Abracé la recién estrenada infertilidad de mi cuerpo
como una celebración para irle a la contra a tanta imaginería
malsana de la cultura reproductora dominante. Nombré mi
nuevo proceso sin eufemismos y refuté sin miramientos
muchos estigmas.

Pero, no todo fue fiesta. Reconocí el desamparo social
e institucional de la vejez como nunca antes. Vislumbré la
negación rotunda de una sociedad abocada a la eterna juventud
a toda costa. Atisbé, al mismo tiempo, que la vejez queer también
impone retos particulares. Toda la defensa o protección de la
vejez en Puerto Rico está dirigida a la visión heteronormativa
imperante. Parecerían diseñar todos los programas a través
de la negación de todo asomo de sexualidad, mucho más si se
trata de deseos raros. Parecería decir que no existimos las viejas

queer y que no existiremos. La vejez en nuestra sociedad es, por tanto, heteronormativa o no es. ¡Nada más falso!

La vejez es queer en sí misma. Resiste la lógica productora y reproductora exclusiva y plantea retos enormes al modo en que el sistema económico capitalista se le impone al tiempo. La vejez maneja otro calendario y, por ende, otro modo de habitar en el mundo y ocupar las horas. La vejez marca otro paso y se le opone al ritmo voraz y leonino de la productividad. La vejez es esa vida que se puede vivir sin los imperativos opresores del capital. He ahí su revolución pausada. He ahí su dimensión queer por excelencia.

Visto así, no nos debe extrañar que se le trate tan mal a la vejez en nuestras culturas dobegadas por el capitalismo salvaje. Visto así, no debe sorprender que la dimensión queer de la vejez misma sea su mayor afrenta. Visto así, no debe asombrar que ni siquiera se reconozca la existencia de la vejez en personas queer.

Pero, me asombra y ocupa. La vejez queer es una experiencia ineludible en la vida de toda persona que rompe con la lógica heteronormativa. Por tanto, es una realidad vivida que es preciso abrazar y honrar. ¿Cómo podemos atajar esta otra forma de multi-discriminación?

Empecemos por justipreciar la vejez en nuestros colectivos, en nuestras agendas de lucha, en la forma en que articulamos la resistencia día a día. Sigamos por reconocer y celebrar a todas las personas queer que nos precedieron en la lucha y que ahora necesitan que dignifiquemos su vejez. Continuemos por fortalecer las esferas de capacitación gerontológicas para que reconozcan y trabajen por las diversidades de deseos y afectos, y para que respeten las sexualidades otras, cobijándolas con la sensibilidad que merecen y se les debe hace siglos.

Forjemos redes solidarias –con toda la experiencia ganada en construirnos familias alternas– y articulemos diálogos transversales y trans-generacionales que nos eduquen a través de tantos testimonios de vidas queer que no han sido consignados. Apalabremos las memorias de las viejas y de los viejos de hoy para que su vida conste, para que sus luchas triunfen, para que sus lágrimas no se repitan.

Celebremos la vejez queer y edifiquemos vecindarios raros que sirvan de modelos de convivencia libre y justa. Forjemos economías alternas –cooperativas y arreglos comunistas– que nos garanticen los años más luminosos de nuestra vida queer. Garanticemos el bienestar pleno y la risa en el tiempo que nos queda, con el ritmo que nos valga, con nuestras vidas raras en toda su expresión.

LO PROFANO-SAGRADO QUEER

Gay spirituality consists of three inter-related elements. First, it acts as critical religious discourse. By this I mean that it provides a positive, and ultimately subversive, counter-interpretation to traditionally homophobic forms of religious language and belief by valuing the person and experience of the oppressed homosexual. Call it a form of liberation theology. Second, gay spirituality is grounded in, and should also give rise to, political analysis and engagement. In other words, it is an important part of the larger struggle for gay rights, a way of reclaiming our own past and our future equality with the majority. In this particular situation, religious institutions are the political battlefield. Finally, and perhaps most significantly, gay spirituality is proudly and brashly affirmative of gender and the erotic. "Wherefore Gay Spirituality or How Queer Can the Sacred Be?", Donald L. Boisvert

A Ángel Darío Carrero, por ese libro sobre otra teología que no pudo terminar y por tanta lucidez para anunciar lo profano-sagrado.

L as llamadas grandes religiones han sido, demasiadas veces, bastiones del odio y del juicio del otro en lugar de esferas de liberación. Por eso su hechura apócrifa en más de un sentido, por eso su carácter excluyente y discriminatorio, por eso su negación de lo profano como vía ineludible para alcanzar la iluminación. Por eso su secuestro de lo sagrado y su negación de la posibilidad de lo profano-sagrado queer. Esas religiones no son grandes para nada. Más bien son pretextos para la infantilización humana y rutas para empequeñecernos.

¿Pueden acaso ser de otra manera? ¿Pueden eludir sus vicios y convertirse en alternativas para las personas queer que anhelan experiencias de lo sagrado? Creo que sí y lo he experimentado en más de una ocasión.

Para lograrlo, es preciso que empiecen por romper la falsa oposición entre lo profano y lo sagrado. Es urgente que abracen

la lógica quijotesca del baciyelmo –bacía y yelmo al mismo tiempo–
y comprendan que lo profano y lo sagrado están inevitablemente
enredados en la experiencia humana y, lejos de limitarla, enriquecen
nuestra andanza por esta vida.

Para alcanzarlo, deben exhibir, en cada gesto, cómo lo sagrado
ilumina nuestra inmanencia, nuestro estar en este mundo, nuestra
huella en la historia, nuestro cambio día a día. Una experiencia de lo
sagrado que nos aleje de las luchas por una mejor vida para todxs es
un fraude, por lo que hay que combatirla y rechazarla.

Comprendo perfectamente que una persona queer sospeche
y repudie las religiones y todo lo que suene a sagrado. Entiendo,
y no persigo convencer a nadie de lo contrario. Llevan razón y las
evidencias sobran. Tampoco lo sagrado-profano puede ser una norma
o una receta para nadie. Cada quien decide cómo relacionarse, o no,
con lo profano-sagrado.

Pero, si una persona queer –por la razón que sea– precisa o
quiere explorar esa experiencia, hay alternativas liberadoras. ¿Cómo
identificarlas? A continuación, una lista necesariamente limitada. La
práctica queer de lo sagrado: 1) afirma con júbilo todo lo profano y
celebra tu cuerpo en todas sus dimensiones; 2) no se autoproclama
ruta única ni exige que suspendas tu ejercicio de la razón y de la
libertad; 3) armoniza y equilibra nuestra relación con todo lo
natural, en especial con otras especies; 4) garantiza solidariamente,
con todas sus fuerzas y formas, que todxs tengan alimento, techo,
salud, educación, cultura, risa y fiesta; 5) lucha por la equidad y la
justicia de todas las personas marginadas; 6) te interpela a ser parte
del cambio liberador de todxs en este mundo; y 7) te compensa, te
alivia, te reconforta y te deja libre siempre. Dichas expresiones serían
el principio de lo profano-sagrado queer. Que así sea, si es que va a
ser.

DISCRIMINACIONES QUE SE NIEGAN A DECIR SU NOMBRE

> Nunca, en ningún caso, es tolerable la homofobia ni ningún
> otro tipo de discrimen.
> Óscar López Rivera

A Yolanda Arroyo Pizarro, amiga escritora que se apunta a todas.

Hay dichos y chistes discriminatorios que no son dignos de repetirse, ni siquiera para crear conciencia. Son una expresión perversa de la exclusión y de la lógica de las jerarquías en la humanidad. El silencio debe ser su castigo. Que no puedan enunciar más el oprobio.

De hecho, una de las maneras más repudiables del prejuicio y de las discriminaciones que trae consigo, es su fachada sinuosa. Aquellos chistes calladitos, aquellos prejuicios ocultos, hay que sacarlos del clóset de una vez.

En este archipiélago borincano se discrimina por el color de piel, por la procedencia social, por la abundancia de libras en el cuerpo, por la cantidad de años y por lo deseos que se practican, entre otras cosas. Pero sobre esas discriminaciones no se habla. Parecería que no existen. La gente las niega, las silencia, se niega a nombrarlas. Nadie quiere decirlas.

Que se diga y se lea alto y claro: existen y son demasiadas.

Según los censos recientes, en Puerto Rico no hay negrxs. Se los llevó el tiempo. Nuestras abuelas están huérfanas de nietxs. Nadie es otra cosa que blanco. Sin embargo, todxs, llevamos esa magnífica herencia en nuestro rostro, en nuestro cuerpo, en nuestro pelo, en nuestra piel…

Tampoco hay pobreza entre nosotrxs –allá lxs de esas otras islas que nos rodean. Acá todxs tenemos alguito: trabajo, chiripas, mantengo o contratitos de esos que crecen con la precariedad que nos desborda y que tanto se quiere borrar. Mas, un paseíto por cualquiera de nuestros centros urbanos, de nuestros campos, de nuestros barrios, de nuestras urbanizaciones de acceso controlado, nos desvela de inmediato la miseria y sus disfraces.

De la gordura, ni hablar. Debemos ser uno de los países que ha inventado o importado más programas mágicos que prometen el adelgazamiento ansiado con poco sacrificio. Todxs estamos llenitxs, pero gordos no somos. Y cuando lo somos, ¡pobres de nosotrxs! La virgen de lxs enjutxs nos coja confesaos y nos proteja de la maldición del santo flaco al que todxs –atexs y creyentes– le rezamos antes y después de cada comilona. La gordura es un pecado, un sacrilegio contra la estética, y paga las consecuencias todos los días de las maneras más amargas.

La patería está también maldita. No importa lo que se ha luchado y logrado: seguimos siendo blanco de la queerfobia cotidiana que campea por su respeto en todas partes, en todas las instituciones, en todos los resquicios de esta bendita sociedad hetero por decreto. De poco nos sirve que tengamos una que otra famosa a quien tratan bien. Siempre abunda el insulto para la multitud anónima, para esxs que no aparecen en la televisión, que no son de los grandes centros citadinos, que no están en la universidad o en algún otro de esos (limitados e ínfimos) espacios en que se puede respirar un poco.

Pero, si eres pata, negra, gorda, de clase media para abajo –bien abajo– y vieja, para colmo, más te valiera no haber nacido. Y si además eres independentista y libre pensadora, peor todavía. El coro de prejuicios se te impone como una maldición de siglos. ¿Cómo se te ocurre existir en este mundo tan blanco, tan esbelto, tan bien matrimoniado, tan de gente bien, tan conservador y colonial? ¿Cómo osas caminar por este magnífico paraíso hecho a imagen y semejanza de una cultura moderna entrañablemente excluyente y rigurosamente ordenada? Debes ser un error, un accidente, una excepción que confirma nuestras divinas reglas. Sí, eso debes ser.

Aquí termina el infierno en la tierra dice esta que escribe.

Nombremos y denunciemos por su nombre cada uno de los prejuicios y de las discriminaciones identificadas y por identificar. Nada más odioso en nuestra cultura. Nada menos natural. Pongamos cada prejuicio en su sitio. Que se vean en el espejo de su miseria y de su invención.

No nos consolemos con dar nuestra luchita única en solitario. No funcionará. Mientras haya prejuicios, discriminación y exclusión para unxs, todxs –sin excepción– seremos vulnerables y, un poco, cómplices. Apostemos por una vida plena (feliz y justa) para todxs y callemos para siempre prácticas tan indeseables. Denunciemos las discriminaciones silenciosas. Callemos los chistes y decires que las disimulan. De una vez y para siempre. He dicho.

CUERPOS INDÓCILES Y SU LUZ CEGADORA

> Éramos compañeros del desorden profundo, pasión de vellonera
> hombres por fuera y por dentro, no solamente cuerpos, sino historia.
> "Invitación al polvo",
> Manuel Ramos Otero

> Cuando se toma un tamarindo con la punta de los
> dedos, se parte, se abre, se remueve la cáscara y se
> coloca en la entrepierna, y se lame, se empuja con la
> lengua, se saborea y se retira la pulpa de la pepita a
> mordisquitos, pedazo a pedacito. "Tamarindo",
> Yolanda Arroyo Pizarro

Nuestro cuerpo ha sido campo de batalla frente a la quimérica oposición clásica (mente-cuerpo), frente a la aséptica tradición judeo-cristiana y frente a la implacable lógica disciplinaria de la modernidad. También se ha enfrentado, tristemente, a normativas seudo-candorosas desde las propias filas de las luchas pretendidamente queer. Desde ahí, algunxs aseguran que debemos comportarnos con decoro, que eso de salir a la calle en cueros, o sin ellos, no le sienta nada bien a nuestra bonachona agenda liberal. Para esxs, las paradas de orgullo, las dragas, las locas, lxs trans de toda ralea desentonan el imperativo (auto)impuesto de ser como la norma. Contra semejantes desatinos también se rebela el cuerpo.

Desde hace tiempo el cuerpo ha puesto en su sitio tales pretensiones. Muchas veces lo hizo con el exceso magnífico de Gargantúa y Pantagruel (muy a tono con la estética de las dragas). Otras veces, se tiró a la ciudad y a los campos –loca y desenfrenada con ropas ajenas y sin ellas– a desvestir con el carnaval unas cuantas mentiritas de las que estamos hechxs. Y, a diario, lo hace sinuosamente, con esa sabiduría del gesto, con esa indocilidad de nuestros sudores, de nuestras pestes, de nuestras urgencias escatológicas, de nuestra fragilidad. El cuerpo es esa luz cegadora que nos celebra a toda hora.

El cuerpo es, a su vez y con todo lo dicho, acento del deseo y marca de caricias. En sus carnes se escriben labios, manos, vellos y tanto más.

Afirmemos su risa y su ocaso. Dejemos que se exhiba ufano y que descanse. Que ya no necesite ser revolución o norma, que sea sencillamente.

LOCAS ATREVIDAS

> No somos nada antes de ser maricas [locas, diríamos en Puerto
> Rico]. A ver cuándo nos damos cuenta de que primero, de muy
> niñas, ya éramos maribollos, sujetos sujetados y excluidos de
> cualquier representación y papel social.
> *Ética marica*, Paco Vidarte

Homenaje póstumo a Juan José, esa loquita furibunda que fue unx
gran amigx y murió demasiado pronto.

La sociedad moderna no solo receta pócimas para la
sexualidad y sus contornos. La heteronorma no es
su único imperativo cultural. Hay otros reglamentos,
muchos. La racionalidad es otra de sus predilectas. Debemos
ser lúcidas. Debemos ser razonables. Debemos entrar en razón
cuando la perdemos. La cordura se impone. Tiene la razón de
su parte.

Cuando alguien se sale del libreto, cuando alguien supera
los linderos, cuando alguien no se ajusta a la norma, es una
loca y hay que curarla. Justo en esa confabulación, lo queer –lo
diferente– se (con)funde con la locura.

Todas las raras somos locas perdidas, aunque a unas
se nos nota más que a otras. Esas loquitas furibundas que
andan exhibiendo sus amaneramientos son nuestras locas
por definición. Cargan en su desparpajo el orgullo rebelde.
Cuestionan en sus voces los acentos por receta. Son aguerridas.
No escatiman en exhibir, con orgullo, su rareza.

De ahí que desde mi adolescencia, las locas, lxs amaneradxs,
lxs finitxs, lxs que tienen pluma y se les ve a leguas, me atraen y
mucho. Me fascinan esas atrevidas.

Sin embargo, y precisamente por su visibilidad, sufren los
mayores acosos cada día. Son objeto de burla y de desprecio
a toda hora. Padecen malvadas violencias y discriminaciones.
La beligerancia normativa se lanza sobre nuestras locas con
el mayor rigor y con la menor compasión incluso de parte de
otras raras más discretas.

Vamos a hacer un frente común en defensa de nuestras locas. Vamos a reivindicarlas. Vamos a proteger en ellas un poco de lo que somos todas.

No consintamos una afrenta más en nuestras casas, en nuestras calles, en nuestras escuelas, en nuestros trabajos, en nuestras instituciones, en nuestras fiestas. Que nuestra solidaridad más empecinada, las salvaguarde. Que nuestro celo más tierno las acoja. Que nuestro respeto las cobije y sane su dignidad humillada. Empecemos por hacerlo nosotras, locas furibundas o discretas, locas al fin.

Ritos

> …quizá nosotros somos las palabras que cuentan lo que somos.
> "La uva y el vino", Eduardo Galeano

> *A Beatriz, mujer amada, con quien he podido crear*
> *más de un rito luminoso.*

Los ritos han estado ahí desde antes que se contara la historia. Preceden y desbordan las religiones monoteístas como las conocemos. Rebasan el origen y el ocaso de los estados y sus formas rituales.

Los ritos siempre han sido y serán. Son ese registro de lo colectivo que aglutina a la comunidad y le presenta en ofrenda sus dichas y desdichas. Son esa huella de la aspiración comunitaria por cosechas, por defensas, por vidas que nacen y mueren para volver a empezar. Los ritos aspiran a explicar, a atisbar el misterio de la vida, de la muerte y de todo aquello sobre lo que no tenemos certezas. Son también negociaciones con lo divino, con los demonios, con el bien y con el mal. Son ese espejo que preludia fiestas y guerras. Son, a fin de cuentas y de cuentos, una de las hechuras más constantes de la humanidad.

Cuando un sector social, una comunidad, un grupo marginado, una persona, es desposeída de los ritos que las instituciones modernas se apropiaron para construir su tinglado, se impone la exclusión colectiva. Los ritos se desfiguran, se degradan, se corrompen y nos quedamos con una fiesta vacía de los mejores sentidos posibles. Despojar a las personas de los ritos supone exiliarlas de lo social, expulsarlas de su reconocimiento en los otros. Es una forma de matarlxs en vida.

Eso ha ocurrido por los pasados siglos con las personas cuyas sexualidades, deseos y cuerpos no se ajustan a la receta heteronormativa. Eso ha pasado con todxs lxs rarxs que exceden el molde impuesto. Eso pasa con las solteras y con los solteros. Eso pasa con lxs que no pactan sus amores y deseos según se espera. Esas otras formas de vincularse en pareja se han inventado nuevos ritos o, sencillamente, han renunciado a suscribir ninguna ritualidad para sellar sus amores y desamores.

Dicha resistencia creativa ha supuesto altos costos para muchxs. Si una de las partes muere, se quiere separar o se enferma, se desata una secuela de mezquindades institucionales para quien queda vivx, solterx de nuevo o en salud. Se pierden hogares, accesos, objetos, amigxs y memorias del amor compartido de golpe y porrazo. Se niegan los mínimos gestos de solidaridad ante la pérdida y el dolor. Se vuelve a matar en vida a quien vive diferente.

Mientras tanto y a pesar de todo, el matrimonio –pese a que está en crisis desde sus orígenes– sigue vivito y coleando. Constituye uno de esos episodios en los que la exclusión de la gente queer es perversamente visible. Sigue siendo el decreto ritualizado de esta modernidad cansada, pero aguerrida. Reparte dichas y desdichas de manera desigual. Les arrebata a lxs rarxs la posibilidad misma de rechazarlo como rito e imaginar otra cosa.

Por eso, el llamado matrimonio igualitario –que yo prefiero llamar diferente– hace sentido para mucha gente. Por eso merece celebración. Por eso ha sido bueno: porque reafirma la posibilidad de escoger, de resistir, de inscribirse en el ritual colectivo, de ser parte aunque sea para decir que no.

Pero, tiene que ser diferente y no puede considerarse el máximo logro de nuestras luchas por la justicia y la equidad. No es la panacea que remedia todas las formas de discriminación cotidiana que todavía sufre tanta gente. No es el final, sino el principio de otras apuestas por la dignidad y la vida plena de las personas que, incluso, no quieren el matrimonio ni nada que se le parezca.

Puede ser diferente si no se convierte en regla. Puede ser diferente si reconoce la urgencia por crear formas de relación interpersonal que no se fundamenten en pactos de poder. Puede ser diferente si reivindica tantas memorias del quebranto y supera la fiesta vacía que ha venido a ser el matrimonio en la mayoría de los casos.

Puede ser diferente si honra y reivindica todos los ritos que existen y pueden existir para sellar amores y desamores, vidas y muertes, revelaciones y misterios. Puede ser diferente, si puede ser otro.

Esquelas

¿Cómo comenzar un viaje interminable? Siempre parece ser una
amenaza tan singular la posibilidad de que todo esté repetido,
inequívocamente invertido en reflejos perversos. Las cosas siempre
me han interesado exactamente por sus posibilidades de fractura…
Abolición del pato, Larry La Fountain-Stokes

A Laura Náter, quien me contó y protagoniza esta historia.

La gente se muere. Solo hace falta que estemos vivxs.
La muerte nos asalta un día. Se mueren amigxs,
mascotas, seres queridxs, personas que nos son
indiferentes y otras que nos han cambiado la vida. Una se hace
un poco más adulta cuando reconoce esta evidencia ineludible
de la vida: nos vamos a morir un día de estos.

Cuando ocurre la muerte, algunxs tienen la costumbre de
compartir públicamente el postrero evento. Quienes pueden,
compran un espacio por un día en uno de los periódicos
del país y enuncian en apretadas palabras lo que esa pérdida
provoca, lo que la persona que ya no existe significa todavía.

Las esquelas son para lxs que siguen vivxs. Son una fase
del duelo. A veces, son declaraciones de amor que nunca se
hicieron o reconocimientos que no se lograron consignar antes.

La mayoría de las esquelas incluye los nombres de la familia
que vienen a cuento. Esposas, esposos, madres, padres, hijas,
hijos, hermanas y hermanos, yernas y yernos. Ahí se expresan
las inclusiones y las exclusiones. Ahí se manifiesta otro de los
retos que supone la gente queer para un contexto demasiado
heteronormativo todavía. ¿Nos incluyen o nos excluyen? ¿Nos
disimulan o nos sacan de paseo en una esquela notoria? He
ahí la cuestión de esta sociedad aún muy lejos de reconocer y
respetar la diversidad en toda su expresión.

¿Soluciones? Laura dice que va a escribir su propia esquela.
También intervino en la de su abuela para que incluyera a su
pareja de años. Esas son alternativas. Podemos decir lo mismo
de las despedidas de duelo, de los mensajes de última hora

al borde del ataúd o de la urna con las cenizas. Podemos tomar la palabra y escribir lo nuestro, nuestra presencia, nuestra existencia, nuestro estar en el mundo pese a sus asedios. La escritura, también queer en más de un sentido, ha sido nuestra aliada por centurias. Escribamos la vida y la muerte que nos ha tocado. Escribamos la que queremos que les toque a lxs que están por vivir.

Hágase lo que se haga, el silencio y la invisibilidad no son opciones. Hay que consignar, hay que gritar, hay que escribir para que conste que estamos, vivimos y morimos también como cualquier otrx.

OTRAS INTERVENCIONES

Los textos contenidos en esta parte podrían ser calificados, en cierta medida, como académicos. Sin embargo, espero que no lo sean del todo y que se conviertan en puentes para la conversación entre todxs lxs lectorxs de este libro. Son conferencias y una selección de entradas de la revista digital *80grados* que abordan asuntos queer (*Jayás, La importancia de no llamarse* y *De la @ a la x*). En todos los casos, he preferido mantener fechas, situaciones y anuncios que responden, cual testimonio, al momento en que fueron escritos.

El Coloquio *¿Del otro lao?* celebra su sexta edición del 1-3 de marzo de 2016. Las Actas de las primeras dos ediciones fueron publicaciones impresas. No obstante, las restantes han sido digitales de acceso libre, y pueden descargarse en: http://editoraemergente.com/. Ese evento también ha sido una intervención valiente y luminosa en el contexto de la universidad pública del país. Ojalá y estos ensayos contribuyan a intervenir y a erradicar todas las formas de discriminación que nos aquejan todavía.

CRÓNICA DE UN TÍTULO Y SUS TRIBULACIONES, ¿AÑEJAS?

(CONFERENCIA INAUGURAL 1ER COLOQUIO *¿DEL OTRO LAO?*)

> Yo he vivido siempre. Nadie sabe cuántos nombres sirven para designarme ni cuántas particularidades posee mi cara. En cada rincón de este planeta he reído y llorado. He conocido el infortunio y la felicidad. No me canso de amar. Tampoco el odio ha dejado de tentarme. Tantos cuerpos me han pertenecido y sobre tantos he sudado mi dicha, que al final nunca he sabido si yo soy yo o los otros. *Manual de tentaciones,* Abilio Estévez

Ser del otro lao, estar en la acera del frente, ser otro y otra es una experiencia cotidiana de much@s porque lo dicen l@s que designan, los que son. Pero para l@s otr@s, los un@s también son otr@s. Ser del otro lao se pronuncia en tantas pequeñas cosas que demarcan distancias y distinciones. Ese nombrar asegura la discriminación de es@s otr@s temibles por sus variados perfiles y elusivas formas de habitar y exhibir los cuerpos del deseo. Ese acto de apalabrar lo desconocido y de eclipsar el miedo sueña con que lo dicho separe por arte de magia l@s un@s que designan de l@s otr@s que desean distinto. En Puerto Rico, esas palabras autorizan la degradación, el prejuicio, la violación de derechos y la adjudicación de culpas a l@s del otro lao por su inexplicable ruptura con la falaz armonía de los inventos llamados norma o naturaleza. Es@s del otro lao imaginario son recluid@s en la frontera que cobija a l@s un@s del pánico ante el espejo de lo distinto.

L@s que vivimos o somos del otro lao no nos decimos de tal modo, más bien nos dicen. Nosotr@s caminamos al otro lao de esa línea imaginaria que la autoridad demarca con la palabra excluyente. Nosotr@s somos negad@s en este predio que no se atiene a geografías y que desplaza otros acentos ilusorios. La designación del otro lao nos (de)marca, nos niega y nos juzga al parecer sin lugar a defensas. Nos identifica también como ajen@s en nuestro propio suelo, en nuestras calles, en nuestras casas.

Sin embargo, ante el exilio por decreto, a nosotr@s también nos quedan las palabras que niegan el artilugio y la arbitrariedad de su hechura. Nos quedan las palabras que rompen el silencio y demandan la justicia que por derecho nos toca. Nos quedan las palabras que retan las convenciones obscenas que venden por un@s centavos naturalezas simuladas. Nos quedan las artes de nombrar que, como lo indecible, tienen la frescura de la página en blanco, de lo que existe, siente, experimenta y camina sin precisar por escudo espejos ajenos. Después de todo, nos quedan las palabras justicieras, amorosas y tiernas que nos permiten (re)conocernos desde el otro la'o, desde cualquier la'o, porque el mismo acto de nombrar nos consigna y otorga así la justa dignidad a nuestros modos de amar.

Pero, sobre todo, desde el otro la'o aparente nos animan las acciones diferentes a lo injusto. Desde la distancia obligada por l@s un@s, se puede desvelar otra perspectiva. Esa voz desde el otro la'o se afirma en la mirada privilegiada de quien contempla desde el reverso de la invención, desde el margen de la página, desde los silencios de las palabras que niegan y de las prácticas que ignoran, precisamente por el reto que les suponen a sus frágiles certezas.

En pocas palabras, los del otro la'o contamos con una perspectiva de privilegio que nos asiste en el combate de la violación de derechos humanos de otr@s que también son enajenados en este la'o de la línea imaginaria. En este la'o existimos con la convicción modesta de quien sabe que quienes nombran y designan l@s otr@s, tristemente, padecen miedos infundados. Desde la humanidad más sencilla sabemos que, aunque no podemos escogerlo todo, y de hecho lo que somos no lo decidimos un día, escogemos la conciencia. Somos conscientes desde el otro la'o que minúsculos actos y prácticas de cada día pretenden acoplarnos y fracasan siempre que así lo reclamemos. Nuestra dignidad no se ajusta a recetas prestadas ni a moldes caducos. Somos, actuamos y apalabramos también, pero distinto. En esos instantes, que es imposible consignar por su abrumadora persistencia, vivimos como mejor podemos entre aciertos y equivocaciones. En el mejor de los casos, convivimos sin que los deseos ajenos nos quiten el sueño o la vigilia. En esos momentos que despide cada respiración nos ocupa la vida con todos sus atributos y desastres como a cualquier un@ de ese la'o que ensaya a excluirnos con solo nombrarnos.

Cuando allá para el mes de octubre de 2005 dialogamos sobre cómo titular este evento, decidimos tomar prestada la estrategia de inversión que utilizara el movimiento LGBTT durante los años ochenta al darle la vuelta a la palabra "queer". Dicho vocablo se usaba para degradar y mancillar las identidades diferentes a la heteronormatividad. "Queer" era una ofensa, un insulto, un modo de faltar a la dignidad de las personas que nombraba. Sin embargo, la operación deconstructivista de los movimientos de aquellos años ha logrado re(bautizar) la palabra. Hoy llamamos "Estudios Queer" a las prácticas teóricas y críticas que, de múltiples modos, luchan por la reivindicación de las comunidades LGBTT en los foros académicos y en las iniciativas comunitarias en general.

Con la esperanza puesta en dicha tradición, decidimos titular el evento "Del otro laò: perspectivas sobre sexualidades alternativas". Tras una intensa discusión teórica y práctica, logramos el consenso. Se deseaba que el coloquio fuera un foro en el que se pudieran dirimir debates y perspectivas múltiples sobre es@s a quienes en Puerto Rico se les ha denominado "del otro laò" con propósitos degradantes y discriminatorios. Se perseguía darle la vuelta a la expresión, retorcer el eufemismo para que dejara de ser motivo de dolor, de risa y de rabia. Se buscaba, además, endosar, sin lugar a dudas, la ruta de la reivindicación con la sosegada receptividad ante el debate. Queríamos propiciar la discusión respetuosa con aquell@s que nos llaman peyorativamente l@s del otro laò y, de ese modo, darles la oportunidad que nos niegan todos los días. Se tenía la convicción que en la universidad se podía dialogar con razones y con argumentos que callaran las palabras prejuiciadas. Asimismo, se escogió el término "alternativas" para asegurar que nos dedicaríamos a las prácticas de sexualidad y deseo alternas a la norma heterosexual; para insistir en que no se trataba de la relación "obligada" que a tant@s nos resulta profunda e ineludiblemente ajena.

No obstante, la polisemia tan proclive en las palabras, el dolor añejo de insultos sazonados con la crueldad y la memoria de siglos de escarnio lacerante para tant@s puertorriqueñ@s de las comunidades LGBTT, nos dieron una de las primeras lecciones de esta experiencia. Nos burlaron la candidez de una iniciativa de buena voluntad y nos retaron la euforia teórica de la estrategia prestada. En nuestro Puerto Rico en pleno siglo XXI todavía duele demasiado la expresión "del otro laò". Por todo ello, y quizá por razones que aún no atino a rozar, personas de las comunidades a las que estaba dedicado nuestro pequeño ejercicio de justicia, tronaron contra el título primigenio. Sus reclamos fueron básicamente dos: ¿acaso se pretende vindicarnos perpetuando el insulto? y ¿quién se atreve a declarar que las sexualidades LGBTT son opciones que pueden escogerse en un menú cuando ése es uno de los debates más añejos y con menor acuerdo?

Después de horas de perplejidad ante alegatos que de ninguna manera se podían despachar con ligereza, escribí un mensaje a mis compañer@s solicitando la reconsideración del título. Un aluvión de mensajes de toda índole daba parte de la diversidad de estaciones en las que se encontraba cada un@ de l@s que opinaba. Yo, la de más años y estudios, trataba de sostener una reflexión teórica, práctica y, sobre todo, solidaria y empática con las diferencias que procurábamos honrar. Tiré de cuantos argumentos me prestaron servicio para disuadir una revisión del título. La principal preocupación de algun@s temía que el ejercicio de revisión se perpetuara hasta este mismo día. En cierto modo, ha sido como temimos porque desde entonces no hemos cesado de hablar, explicar y justificar tan inquietante, incómodo y, para algun@s, confuso título.

Sin embargo, prevaleció la protesta que elevaron personas que, sin duda, queremos incluir en esta iniciativa. Así, cambiamos el título. "Alternativas" se convirtió en diversas, pues en nuestra ofuscación, a nadie se le ocurrió alternas. También colocamos los signos de interrogación en el "del otro lao" para que constara nuestro propósito crítico y nuestra agenda de inversión.

Podría extender esta crónica por horas hasta desmenuzar las más ínfimas tribulaciones del título de este coloquio. No fue sencillo y llegó a ser en extremo dudoso que diéramos con un título que nos hiciera justicia a tod@s. Este ejercicio aparentemente básico de nombrar denota las dificultades y complejidades propias de la causa que preserva, porque exhibe las contingencias de la vindicación y la justicia que discursa sus estrategias con las mismas palabras que nos han negado nuestra dignidad más mínima.

Para eludir los trucos discursivos, para escapar ante las trampas de discusiones académicas proclives a palabrerías interminables sin acciones, prefiero concluir esta relación con una frase-invitación que decoraba sin pretensión alguna las paredes de la oficina de Amnistía Internacional en Puerto Rico, "las palabras son solo el principio". Digamos que así sea y que, entre tod@s l@s de este lado y del otro –que , a la postre, somos humanos–, trascendamos las designaciones que nos quiebran y comprometamos nuestros acentos a caminar rutas que erradiquen las fronteras y los lados de lo injusto. Que tod@s podamos existir en libertad, justicia y respeto.

"No me canso de amar" desde el otro lao,
que sea el derecho de tod@s.

El clóset que nos habita: Puerto Rico, la Universidad y lo queer desde el primer Coloquio a esta parte

(Conferencia inaugural 2do Coloquio ¿*Del otro lao?*)

> A ese día luminoso habría seguido un rápido crepúsculo hasta llegar a las noches monótonas de la burguesía victoriana. Entonces la sexualidad es cuidadosamente encerrada. Se muda. La familia conyugal la confisca. Y la absorbe por entero en la seriedad de la función reproductora. En torno al sexo, silencio. Dicta la ley la pareja legítima y procreadora. Se impone como modelo, hace valer la norma, detenta la verdad, retiene el derecho de hablar –reservándose el principio del secreto.
> *Historia de la sexualidad*, Michel Foucault

¿Segundas partes nunca fueron buenas?

S egundas partes nunca fueron buenas? Según el dicho antiguo, así se ha decretado y así pretende ser. Sin embargo, la segunda parte del *Quijote* y otras tantas secuelas encomiables inscribieron el signo de interrogación sobre el imperio y prestigio de la primicia. Demostraron el reverso de la aspiración antigua y moderna. Cuestionaron la originalidad proclive al agosto mercantil prometido, y conciliaron la paradoja multiplicadora del intercambio. Desprestigiaron la liturgia del original y destacaron el carnaval juguetón de la pretendida copia.

En marzo de 2006 nos pasó algo indudablemente significativo: el primer coloquio ¿*Del otro lao?* No existimos del mismo modo desde esa primavera con una esquina rota. Ni l@s que participamos de las actividades de esos dos días, ni la universidad que nos acogió, aun a regañadientes del rector y del séquito de conservadores –que honran el miedo que l@s distingue–, ni el Puerto Rico que nos sirve de paradójico escenario, hemos sido igual desde entonces.

Apenas unos meses más tarde, el país de las maravillas y de los quebrantos que tanto suspiramos, se enfrascó en un debate que, más que nunca, nos implicaba a l@s del otro lá'o. Un@s cuant@s que, finalmente, asumieron la impostergable responsabilidad ciudadana de cierta justicia para tod@s, se dieron a la tarea de atemperar nuestro caduco código civil. Se aspiraba mínimamente a que tod@s los que habitamos este archipiélago caribeño, rindamos o no planillas y ejerzamos o no el voto electoral, estuviéramos amparados por un sistema de derecho igualitario y, sobre todo, justo. La iniciativa trajo a la superficie muchos de los closets que nos habitan, pero no todos han sido consignados. Este segundo coloquio promete dialogar y debatir sobre ese "otro" clóset.

El clóset, ese espacio artificial edificado discursiva y materialmente por la "inexistente" naturaleza heterosexual, los ha mirado en la mueca de su norma. Algun@s conocemos la cualidad multifacética y huidiza de los closets. Much@s sabemos sus pretendidos orígenes y sus filiaciones con el miedo. Otr@s tant@s vivimos sus pesares y sus azares. Demasiad@s sufrimos sus quebrantos y sus crueldades. Ojalá que la mayoría del otro lá'o algún día pueda conjurar el miedo y estar libre de sus versátiles ahogos, ojalá podamos ver tras la rendija del clóset su fabricación discursiva y su fragilidad desplazada. Tod@s l@s del otro lá'o, antes o después, más o menos, hemos dado parte del clóset de l@s normativos. Nuestro clóset les pertenece a ell@s, es su artificio sanitario contra lo que no podrán ser nunca. Nuestro clóset es solo suyo. Nosotr@s con solo abrir la puerta simulada, atisbaríamos su cueva y su tramoya. Desde esa posibilidad resistente del discurso, exploramos los contenidos de ese clóset mayúsculo de l@s que nos señalan.

El clóset que nos habita

Como podrán imaginar, no me refiero a esos closets que han sido asociados, ontológica e inexorablemente, con l@s que somos del otro lá'o. Hoy les toca a los otros closets indecibles, a los más sinuosos, a esos que han deslindado, clasificado y categorizado los supuestamente nuestros en aras de eclipsar los propios, los que realmente nos abusan a tod@s. Nombremos los otros silentes e invisibles. Discursemos los closets normativos, los dominantes.

Nombremos, para empezar, algunos de los closets de Puerto Rico. Hablemos de la colonialidad que nos ahoga. Destaquemos la trampa del ELA y consignemos su ineficacia, su caducidad y su esperpento en cada atropello a nuestra libertad y soberanía cotidiana, en cada afrenta e impunidad del FBI contra uno de los nuestros, por solo mencionar uno de sus pérfidos signos recientes.

Nombremos nuestro clóset de la negritud. Destaquemos la mentira de los censos, de los formularios y de los recuentos que la ignoran, censuran o despintan. Consignemos nuestro crimen colectivo contra nuestras abuelas negras, contra nuestra preciosa y resistente negritud.

Hablemos de nuestro clóset político oscurantista. Nombremos el contubernio o el amor ilícito, como se prefiera, del estado y de la iglesia fundamentalista y ortodoxa en Puerto Rico. Destaquemos la selectividad mezquina de quienes censuraban ese maridaje cuando se trataba de la lucha contra la marina en Vieques, pero lo aclaman ahora cuando la legislatura pretende ser gobernada por un puñado de "religiosos" recalcitrantes. Consignemos su ilegalidad, su conspiración contra la justicia y su cortina de humo para eclipsar la incompetencia legislativa que nos aqueja, particularmente, en los últimos años. Llamemos decadente a la 99, perversa e infiel a los mejores ideales originarios de la universidad medieval por pretender elevar a rango constitucional en PR el matrimonio solo entre un hombre y una mujer. Denunciemos el contra-ataque conservador que no es otra cosa que su venganza inocua ante los esfuerzos de revisión del código civil en Puerto Rico. Sus closets han quedado al descubierto.

Por su parte, la Universidad de Puerto Rico en Mayagüez también cultiva sus closets. Su deliberado y mordaz silencio ante la Certificación 58 –para la inclusión de la orientación sexual como parte de las discriminaciones prohibidas– ha sido estridente. Su clóset se desvela en su selectiva eficacia para no hacer nada respecto a las implicaciones que conlleva la prohibición del discrimen contra las sexualidades queer.

Por ejemplo, semanas antes de llevarse a cabo el Primer Coloquio, solicité a nuestro rector que emitiera una carta circular en la cual comunicaba su compromiso con el cumplimiento de la aludida certificación. Le solicité que asistiera al evento o enviara representación para que, de ese modo, pudiera colaborar simbólicamente, si bien no lo había hecho materialmente. Ni entonces ni ahora ha ocurrido nada al respecto.

Seguimos esperando que el rector sea el líder de una institución universitaria secular que apuesta por la innovación y la actualización integral, y por una vocación global en todas las áreas del conocimiento. Seguimos luchando porque un coloquio queer no tenga que ser justificado como universitario y porque su tradición teórica y práctica del siglo pasado llegue a nuestras aulas, aunque sea tarde. Seguimos luchando para que ningún sujeto queer, estudiante, docente o no docente, se sienta vulnerable, excluid@ o negad@ en la universidad.

Durante el semestre pasado, llegó a mi oficina una estudiante vapuleada por los crímenes de odio que todavía ocurren en esta universidad. Una secta maléfica llamada religiosa, o alguien que utilizó su nombre por la impunidad que suele ampararla, se atrevió a colocar hojas sueltas por casi la totalidad de los boletines de la institución "denunciando" el lesbianismo de la estudiante, la universidad como la casa de sus pervertidor@s y el estudio secular como la cuna de su perdición. Solo la procuradora estudiantil hizo algo al respecto. Todavía esperamos porque la Universidad asuma la responsabilidad de la seguridad y de la justicia para tod@s. Todavía esperamos una manifestación contundente de reprobación que, al menos, reivindique la serenidad mancillada, la dignidad violada, la libertad esclavizada. Todavía esperamos a Godot.

Al nombrar algunos de los closets de Puerto Rico y de la Universidad, los conjuro. Los deploro. Los rechazo. Los emplazo. Salir de sus closets será una liberación para tod@s. Tirar abajo sus closets alentará nuestra maltrecha esperanza.

Este segundo coloquio, esta repetición reflexiva, discursiva y política declara con las mismas palabras de l@s "no-queer," de l@s "normales," de l@s "propios," que lo raro es vivir en esos closets, en este Puerto Rico y en esta Universidad mientras celebramos lo que somos en la infinidad de hechos menudos y cotidianos. Lo raro es vivir queer.

Este coloquio dice basta ya

El segundo coloquio asume el reto de estos tiempos que corren y, sobre todo, de nuestra agenda pendiente. Hasta que no logremos el trato justo que nos toca, no descansaremos. Que lo sepa el contraataque conservador.

A este coloquio hemos venido asistid@s por el razonamiento universitario, por la argumentación exhaustiva y franca, y por el compromiso ético para con todas las personas que siguen, hoy, experimentando la represión, la discriminación y el vituperio. No nos pararán. No habrá chantaje que nos amedrente, ni violencia material o simbólica que nos detenga. La justicia y el bienestar de las comunidades queer nos impulsa.

Sépanlo bien: existimos con o sin código civil revisado. Nos enamoramos con o sin la bendición de la constitución. Así ha sido y así seguirá siendo hasta que un buen día, uno de esos buenos días, se haga por fin justicia. En ese día luminoso dejarán de meterse en nuestro deseo si juegan a ser ilustrados, y dejarán de husmear nuestros placeres los insípidos de todas las iglesias anti-proféticas.

El clóset que nos habita nombra, clasifica y discrimina hasta que lo dejemos jugar solo su malabar discursivo. Mientras tanto, digamos basta ya a su circo, a su mueca, a su simulacro de propiedad y compostura. Basta ya. Hablemos de sus closets. A ver si descifran cómo salir de ellos sin que se les imponga el miedo ajeno. Hablemos del clóset original y de sus originarias copias sueltas por cada esquina. Denunciemos esos closets de la norma en Puerto Rico y confisquemos su fundamentalismo antiséptico e inconsecuente. ¡Dejen en paz nuestras camas y nuestros deseos y exploren los suyos, a ver si en el intento desfiguran unos cuantos miedos colectivos, unos cuantos "originales" indeseables!

Este segundo coloquio hace alarde de las copias y de las repeticiones. Aspira a que el ejercicio inspire otras prestidigitaciones del discurso y, sobre todo, otras rutas de la acción. Sueña por descubrir las de la norma, las de l@s normales, las de l@s que no son queer, supuestamente. Este segundo coloquio es dedicado a l@s segundon@s de esta parte de la historia. Ese día luminoso, del que habla Foucault, puede ser otra vez, puede estar aquí, ahora.

DERECHO AL EQUÍVOCO Y OTRA DECLARACIÓN DE PRINCIPIOS

(CONFERENCIA INAUGURAL 3ER COLOQUIO *¿DEL OTRO LAO?*)

> No se es primero sujeto y luego se actúa. Al revés, haz cosas y serás algo, alguien, otros te reconocerán como perteneciente a la comunidad de los que actúan, de aquellos con los que se puede contar, de aquellos que acuden en auxilio y prestan ayuda, de aquellos que derriban prejuicios, injusticias, caciques, potentados, privilegiados de todas las clases.
> Me fascina pensar en un movimiento LGTBQ que pusiera en práctica una política de agujero negro: absorber todo, apoderarse de todo, chuparlo todo sin dar nada a cambio. [...] No darle nada al sistema y robarle todo lo que caiga en las proximidades de nuestro negro ojete.
> *Ética marica*, Paco Vidarte

A Paco Vidarte y a Jorge Stevens, In Memoriam

"CON LOS QUE SE PUEDE CONTAR"

Desde el 1er Coloquio *¿Del otro lao?*, allá para la primavera de 2006, reivindiqué cierta perspectiva de privilegio de tod@s l@s sexualidades queer porque estoy convencida de que cuando se es obligad@ a transitar las fronteras, las periferias, los espacios clandestinos, se desarrollan destrezas de resistencia inusitadas y miradas que sospechan de lo injusto en cualquier lado. Sin embargo, entonces y ahora aquella celebración es una provocación, un reto, una agenda. Entonces y ahora, no se trata de una idealización plañidera ni aséptica. Entonces y ahora es un grito de lucha que no supone la superioridad, la compensación y mucho menos la perfección.

Tras múltiples luchas de sectores marginados por la sociedad dominante –homofóbica, machista, racista, clasista y colonial– suele colarse una perversa expectativa que no hace sino subordinar y oprimir más a l@s "condenad@s de la tierra": tenemos que ser perfect@s, mejores, impecables para justificar raquíticamente nuestra existencia. Esa conspiración, velada o exhibicionista, no es más que el reverso de la inequidad y de la discriminación más injusta.

Si una mujer alcanza una posición de privilegio en el festín de los señores, la paga con dobles y triples jornadas, con esfuerzos multiplicados para demostrar que es merecedora de tamaña consideración. Si, además, es pata, tortillera, cachapera, del otro lao, entonces se blande contra ella la sombra de que no importa cómo lo haga, es insuficiente. No se le piden cuentas por sus acciones en el ejercicio de su cargo, como debe rendirlas ella y cualquiera otr@, sin que deje de colarse por cada rendija la lesbofobia más cruel y atroz.

Así ha pasado inadvertida una forma más sinuosa de opresión a tod@s l@s del otro lao. El título de esta ponencia debería ser un oxímoron, una paradoja, un perogrullo. Pero no lo es. Para ser, ninguna persona tendría que hacer más que l@s demás, o ser más buena o practicar a la perfección. Los derechos son hechura, precisamente, de la suma de equívocos que nos son amenazantes, especialmente a l@s otr@s.

"SIN DAR NADA A CAMBIO"

Los llamados derechos universales e inalienables, como bien debemos saber, son una evidencia contundente de la insuficiencia de nuestras instituciones y de nuestro sistema. Existen, con la peor o la mejor de las intenciones, pero no se cumplen cabalmente con demasiada frecuencia. L@s tant@s del otro lao de la norma, de lo que se nos ha dicho que debe ser, sabemos muy bien el perfil de sus tramoyas y las estratagemas de sus constantes violaciones. A tal punto son quebrantados a diario que no podemos por menos que sospechar sistemáticamente de algo que se nos vende como universal e inalienable. Much@s no gozamos de tales derechos. Menos aún podemos exhibir nuestra moldura humana, nuestros equívocos como cualquiera otr@. A nosotr@s se nos exige más para darnos menos, demasiado menos.

Por consiguiente, no nos confiemos cuando, aquí o allá, se nos tiran migajas y sobras del banquete, se llame como se llame. Comámoslas, si nos apetecen, pero no confundamos las tretas con la justicia de aquell@s que tienen el sartén por el mango. No dejemos de exigir más. No descansemos hasta que ni una sola persona tenga que quebrarse el espinazo para disfrutar de lo mínimo. No troquemos la libertad, la dignidad y el derecho a la felicidad por unas cuantas minucias liberales, por unas cuantas monedas en desuso por su insolvencia. No juguemos sus raquíticas negociaciones para seguir al mando dictando lo que es bueno y lo que es malo según sus privilegios. Insisto, no demos nada a cambio.

ÉTICA MARICONA, ENTRE OTRAS...

En el contexto de la España que legalizó el matrimonio gay, un filósofo marica, Paco Vidarte, alertó a las comunidades queer sobre los peligros de la zona cómoda de darse por servidos con solo sobras:

> Ni siquiera porque tengamos un poquito de cobertura legal
> debemos volvernos conservadoras, meros custodios de
> un respirito histórico en una tierra de maricas masacradas
> y violentadas. Hay que inventar, crear, desarrollar y poner
> en práctica todos los mundos posibles mejores que éste para
> las maricas.

Y, más adelante, añade que mientras un@ sufra de alguna forma de injusticia y opresión, tod@s estamos implicad@s.

Es preciso, por tanto, que definamos en qué lado queremos estar: entre l@s cómplices de la norma o entre l@s maricon@s de toda ralea. La exigencia ética se valida y justifica en los otros laos. Allí donde se recluye a tod@s l@s que desentonan por su diferencia, por su libertad, por su lucha. Ese es el espacio y el tiempo de la ética en su mejor expresión. Cuando hablo de la mariconería de la ética a eso me refiero. Una ética que no se apunte a estar de los otros laos es inútil e inconsecuente.

La otra ética que he afirmado nos involucra a tod@s l@s que creemos que otro mundo mejor es posible e imprescindible más allá de la cómoda consigna del propio jardín. Otra ética es el anuncio de la abolición de los derechos porque están garantizados sin mediaciones ni excusas para tod@s por igual.

OTRA DECLARACIÓN DE PRINCIPIOS MIENTRAS TANTO...

Por lo pronto, urge que tod@s los del otro lao de la norma reafirmemos la solidaridad más empecinada y congruente. Movilicemos a tod@s l@s que pertenecen "a la comunidad de l@s que actúan", y seamos creativ@s y estratégic@s. Pongamos en circulación nuestros talentos al servicio de esta agenda impostergable, y proclamemos la diferencia articulada como principio. Que cada quien vista sus mejores galas y se tire a la calle. Que cada cual escoja su ruta y formule el cambio desde su esquina, desde su intemperie, desde sus fortalezas y desde sus equívocos. Que nuestro manifiesto sea una sinfonía que involucra todos los instrumentos que comparezcan. Que al cabo de un par de ajustes de cuenta podamos proclamar la risa, la ilusión y la vida porque la proclamación de derechos humanos de 1948 nos parece un medio superado en cada rincón del globo.

Que esta sea solo otra declaración de principios mientras nos amanece la primavera a l@s del otro lao sin distinciones ni subterfugios. Que un buen día podamos celebrar mejores mundos maricas y que la misma ética sea redundante.

"Con los que se puede contar," aquí y ahora

Al concluir el 2do Coloquio me sentía sin aliento y, al calor del cansancio, pensaba que este evento no sería sostenible si no identificábamos much@s otr@s con l@s que se pudiera contar de inmediato, especialmente en nuestra universidad. Es@s otr@s que actúan salieron de todas partes y hemos constituido un Equipo de Trabajo diverso, puntual y comprometido. Sus nombres y apellidos están consignados en la versión detallada del programa. Sus rostros van a circular por estos tres días con variopintos perfiles. Sus cuerpos y sus acciones seguirán sembrando ética marica por todos lados.

Merece especial mención nuestro coordinador, el doctor Néstor Josué Rodríguez Rivera, quien no solo ha llevado a cabo una gestión impecable en la orquestación de los trabajos de esta tercera edición, sino que ejemplifica lo que es actuar desde una ética maricona siendo hombre hetero. Asimismo, reconozco a nuestr@s estudiantes, quienes nutren y vitalizan nuestro equipo con su energía, con sus ideas frescas y libres, y quienes, sobre todo, son el signo permanente de nuestra esperanza aquí y ahora.

EN AUSENCIA: QUIMERAS E IMPACTOS DE LAS VIDAS QUEER

(CONFERENCIA INAUGURAL 4TO COLOQUIO ¿*DEL OTRO LAO?*)

EN AUSENCIA...

L a presencia denota oblicuamente ausencias. Todas las que estamos aquí rasgamos silencios, susurramos vacíos, declaramos ausentes. Lxs que no pudieron llegar reclaman un minuto de silencio, un grito, un homenaje. Todas las sexualidades queer, todas las prácticas del deseo atípicas, todas las trans, todas las bisexuales, todas las poliamorosas, todas las que resistieron ajustarse a la estadística, a la nota al calce o al decreto, están aquí en nuestros contornos. Llegaron para quedarse, para hacernos compañía, para retierar, en ausencia, su presencia ineludible.

El IV Coloquio ¿*Del otro lao?* revalida el anhelo de celebrar la diversidad en el espacio universitario con un compromiso decidido por lxs otrxs. Particularmente, convoca, pese a la depresión económica que se niega a decir su nombre, un evento internacional en el que puedan concurrir realidades múltiples, versiones por demás ausentes en nuestro suelo nacional.

Nos enriquecerán por estas tres jornadas las miradas de Nigeria, Cuba, Estados Unidos, España y México, entre otras. Nos interpelará la ausencia de compañeras de Colombia, a quienes se les denegó la visa para entrar a Puerto Rico desde un escritorio vetusto ajeno a lo nuestro. Ellas nos recuerdan nuestra colonialidad imprudente y necia. Nos retará la imposibilidad de tantxs otrxs que no pudieron acompañarnos por carecer de los recursos económicos mínimos. Nos reclamarán todas las que no han tenido acceso a la palabra, a la escuela, a la universidad para siquiera ocupar su ausencia.

¿QUIMERAS?

Imaginemos por un momento que estamos todas aquí. Imaginemos que la globalización mordaz y leonina se ausenta, por esta vez, y cede el paso a esa otra globalización que derriba fronteras caprichosas y afirma derechos humanos inalienables para todxs, en especial para lxs más frágiles. Imaginemos que toda persona vive en libertad sus deseos y sus modos. Imaginemos que la luz del día es la vitrina de todos los amores, y que los desamores se lloran en todas las esquinas sin distinción. Imaginemos que las instituciones están al servicio de la humanidad soberana y que ninguna diferencia marca distancias y establece poderes ni subordinaciones. Imaginemos un país y un planeta sin paradojas de tercera. O, mejor aún, imaginemos solo la poesía y el cuento en esta isla archipiélago nuestra.

Figuremos un mundo en el que los puestos de inmigración están desiertos, las filas de asistencia social están vacías y las bancas de los corruptos están en quiebra. Figuremos el desuso de las migraciones calculadas y controladas. Figuremos la salud pública y la educación de primer orden como derechos inquebrantables e insobornables. Figuremos el canje de sonrisas y complicidades ante las pobres normas caducas. Figuremos su integración definitiva a una sinfonía de variedades y diferencias sin límite ni censura.

Imaginemos una universidad comprometida con el estudio y el cambio a toda costa. Imaginemos que la seducen especialmente lxs ciudadanxs y sus retos cotidianos. Imaginemos que se rinde ante sus urgencias y asiste puntual a cada hora. Imaginemos que custodia la memoria de todo tipo de liberaciones y que inspira las que faltan por contarse. Imaginemos esa universidad utópica y febril que contagia a las juventudes de todos los tiempos, imprimiéndoles el perfil de lxs que sirven al bien público como vocación primera. Imaginemos una universidad libre y liberadora, accesible a todas las que quieran ser universitarixs.

Figuremos una vida en la que el único clóset ampara a lxs corruptxs, a lxs violentxs y a lxs malversadorxs de sueños y ficciones. Figuremos su inexistencia eventual y su derrota.

Figuremos. Imaginemos la felicidad.

Impacto de las vidas queer

Mientras tanto, celebremos todos los coloquios que hagan falta. Libremos todas las luchas que sean precisas y enfrentemos todos los obstáculos para lograr los posibles mencionados.

Por lo pronto, anunciemos que:

- está inconclusa la consigna ilustrada de la libertad, la igualdad y la fraternidad, por lo que lo menos que puede hacer cualquier universidad del siglo XXI que se precie y aspire a ser pertinente es completar, sin subterfugios, las tareas pendientes;

• es importante educar para la libertad y erradicar toda forma de colonialidad que aqueje nuestras prácticas ciudadanas;

• es imperativo que se salvaguarden todos los derechos y la dignidad cabal de todas las personas independientemente de sus deseos, de su identidad de género, de su país de origen, de su color de piel y de su marca de procedencia de cualquier índole;

• es urgente que se custodien y aseguren las vidas asediadas por la distribución desigual de las riquezas y que la educación sea una aliada de tales fines hasta que no haya más diferencias indeseables;

• es fundamental que se abran todas las fronteras, se decrete la libertad de movimiento de la humanidad y se cancelen los presupuestos millonarios para custodiar una quimera;

• es crítico que se declare la abolición del ejército preventivo y se destinen los dineros trillonarios –que se le prodigan a esa fábrica de muertes– a la salud, a la educación y al bienestar de todxs lxs seres;

• es impostergable que las sexualidades fuera de la norma luchemos en solidaridad y erradiquemos cualquier forma de discriminación o prejuicio que nos falte a la dignidad.

• es justo que nos apuntemos a todas, a cada una, a las que haga falta, aquí y ahora, para que anunciemos inequívocamente el acento sonoro de una primavera que vendrá. Es inevitable.

La presencia denota oblicuamente ausencias. Todas las que estamos aquí rasgamos silencios, susurramos vacíos, declaramos ausentes. Lxs que no pudieron llegar reclaman un minuto de silencio, un grito, un homenaje. Todas las sexualidades queer, todas las prácticas del deseo atípicas, todas las trans, todas las bisexuales, todas las poliamorosas, todas las que resistieron ajustarse a la estadística, a la nota al calce o al decreto, están aquí en nuestros contornos. Llegaron para quedarse, para hacernos compañía, para reiterar, en ausencia, su presencia ineludible.

JAYÁS

A Jaime y a Víctor del PR Queer Film Fest, *porque gracias a ellos vi por primera vez el vídeo de* Macha y los okapi. *Gracias por la lucha compartida y por la visibilidad.*

ESTAMOS

Pocas personas en Puerto Rico podrán ignorar que algo nos ha acontecido como país en el 2012. Desde luego nos pasa cada día, a cada minuto, en cada momento, alguna cosa. Pero este año será memorable. Me aventuro a pronosticar que este año no pasará inadvertido en los manuales de historia de Puerto Rico que se escriban en las próximas décadas.

Cada quien, a la usanza de estas fechas, podrá pasar su balance, hacer su síntesis de los 365 días próximos a ser pasado. Aprovecho este espacio y estos días para plantear los tres eventos ciudadanxs que considero más destacados del 2012. Las tres ocasiones me han dejado una perplejidad luminosa y esperanzada por el Puerto Rico que vendrá ineludiblemente.

El referéndum para limitar los derechos de fianza vigentes en PR y para hacer unas enmiendas nebulosas a la Legislatura fue la primera gran sorpresa que el país nos dio en 2012. Como escribí en una entrada previa, nadie apostaba por la victoria del No y ocurrió dos veces. Esa ocasión nos permitió avistar dónde la ciudadanía pasa la raya. El gobierno vigente hasta fin de año ha violentado y humillado las instituciones más queridas y respetadas del país, pero no ha gozado de impunidad. Un país que salvaguarda los derechos humanos y que exige su ampliación es digno. Hará cosas menudas y mayúsculas para cambiar lo que es y tendrá utopías.

***

Los resultados de las pasadas elecciones –en especial, el primer no al "status quo" de las últimas décadas– es otra ocasión digna de recuerdo. Anayra hizo un balance histórico que pone en perspectiva la innegable derrota de la estadidad y del ELA en este segundo referéndum del 2012. Para un país que ha sido traspasado de un sistema colonial a otro, esa votación es una segunda sorpresa maravillosa. Ciertamente hubo truco en el asunto, pero el país supo, a través de sus papeletas, separar la paja del trigo y enunciar lo que ha sido y quiere dejar de ser. Un país que cambia es digno. Hará cosas menudas y mayúsculas para trocar lo que es y tendrá utopías.

***

El tercer evento elogiable del 2012 merece mayor pormenor y contexto. Todavía lo estamos procesando. Todavía está en el tintero de la arena social boricua. Todavía hay un mal sabor que nadie nos despinta. Esta que escribe tiene más indignación que dicha.

Tan pronto se publicó en la prensa del país la desaparición de José Enrique, tuve una certeza triste. Tal como están los niveles de violencia en Puerto Rico, sabía que había muerto. La zozobra se profundizó a medida que notaba que los medios se referían a él como "el publicista;" apenas mencionaban su nombre. Despojarnos del nombre es también una forma de violencia. Convertirnos en noticia amarillista ni se diga. Pero así ocurrió. Esa persona llamada José Enrique se ha convertido en múltiples significantes y preguntas. Quiero destacar solo algunos.

En primer lugar, José Enrique fue una persona. Tenía familia, esposa y trabajo. Por suerte tenía dobleces y misterios que ha dejado en vilo. Su atroz muerte es terrible, y sus asesinxs son una tragedia urbana que nos asedia e interpela a todxs. Si pusiéramos en suspenso la rabia de tan inexplicable cadena de acciones, quizá, podríamos preguntarnos, ¿cómo llegan a ser estas personas de este modo? ¿Cómo arrebatan vida como si se tratara de nada? He ahí interrogantes que no han circulado demasiado por los medios.

En segundo lugar, y precisamente por lo primero, José Enrique viene a recordarnos que debe haber cierto decoro en la cobertura de estas macabras noticias. No sé por qué motivo, los principales rotativos del país circularon detalles grotescos del crimen. No sé si lxs editorxs de esos periódicos pensaron en su esposa, en su madre, en sus familiares. No sé si intentaron ponerse en sus zapatos, aunque fuera por instantes. No sé. Lo cierto es que fueron imprudentes e insensibles. A un país como el nuestro, tan dolorido por tanto crimen, ¿le hacía falta saber tanto horror? He ahí otra pregunta que no ha circulado demasiado en los medios.

En tercer y último lugar, y precisamente por lo segundo, José Enrique se ha convertido en el vehículo de un acto y de una exigencia de justicia colectiva. Gracias a la indignación que generó una intervención habitual de La Comay, estamos ante la tercera sorpresa digna de recordación de este 2012, al menos en lo que se refiere a la gestión ciudadana. Finalmente, un sector del país se movilizó a través de diversas campañas en los nuevos medios para decirle a La Comay y a sus modales, basta ya. Cuánta reputación mancillada. Cuánta ignominia impune. Cuánto dolor ignorado. Cuánto ha sido necesario para que cerremos este año celebrando que La Comay, si no es cancelada, al menos se enriquece menos.

No hay que ignorar que estas tres gestiones ciudadanas no son la panacea. No nos hemos librado de los efectos de un gobierno nefasto de una vez y para siempre. No hemos decolonizado a Puerto Rico de una vez y por todas. No hemos cancelado a La Comay, todavía. Sin embargo, estamos ganando dignidad. Tras cada uno de estos eventos el país madura, se acontece. Un país acontecido de mayores y más intensas exigencias de justicia es digno. Hará cosas menudas y mayúsculas para transformar lo que es y tendrá utopías.

Jayás

Al concluir este año, se impondrá la paradoja una vez más. A las 12, habrá llantos y risas. Pero nos ha acontecido algo como país y la promesa es certera. Queda de todxs ampliar este punto y seguir inventando un país en el que, como *Macha Colón y los okapi*, estemos jayás. Queda de todxs cambiar lo que somos y jayarnos. Que así sea, un poquito más, en el 2013.

La importancia de no llamarse

> ¿Qué es ser marica? Sigo sin responder. Ni falta que hace. Algo que ha cuajado ya irremisiblemente es que no hay más identidades que la identidad política, que la identidad estratégica [...]. No hay más identidad que la que nos hace estar en contra de la homofobia y la transfobia.
>
> *Ética marica*, Paco Vidarte

A todxs lxs patas, patos y trans anónimxs que han luchado y llorado porque estemos aquí...

"Sentido común"

Durante las pasadas semanas, y en especial ayer, pensaba como si no fuera de este mundo, como si no viviera en Puerto Rico, como si no fuera de aquí. Desde ese otro lao, resultaba insólito que se estuviera votando, siquiera, por un proyecto que tipificaba la discriminación por orientación sexual. En pleno siglo XXI, en un país que hace alarde de democracia secular, resulta inexplicable que pasemos lo que pasamos muchxs ayer. Los argumentos de la minoría fueron precarios, ignorantes y profundamente ofensivos. Los argumentos de lxs simpatizantes de la medida nos arrancaron lágrimas a algunxs. Pero también nos crisparon los pelos por la insistencia en fundamentar su posición en la biblia o en ciertas máximas cristianas. ¡Qué miedo más atroz les reportan las amenazas de lxs fundamentalistas! ¡Qué temidas son sus posiciones recalcitrantes! ¡Qué triste es reconocer que así son las cosas en este archipiélago caribeño!

Sin embargo, en medio de tanta decadencia, y como suele ocurrir en Puerto Rico, hubo chispas iluminadas e inteligentes. Hubo comicidad y risa. Circuló la esperanza. Se asomó la promesa de un país justo, y eso fue bueno, y nada ni nadie nos lo quita.

El presidente del Senado tuvo un acierto incuestionable: el proyecto 238 es un "asunto de sentido común." ¿Cómo puede pensarse una constitución basada en los derechos fundamentales e inalienables si se discrimina abiertamente contra personas diferentes? ¿Cómo puede hablarse de derechos civiles en un país en el que cierto sector religioso, que más bien parece no serlo, vota y cabildea por la discriminación de un sector de la sociedad? Peor aún, ¿cómo los fundamentalistas osan recurrir a dios para justificar la ignominia contra otros seres humanos? Desde luego, qué triste debe estar su dios ante tamaña mezquindad y confusión. Sin duda alguna, este es un asunto de sentido común. Pero cuánta falta nos hace tener un poco más de ese sentido común que nos habría economizado tanta desdicha.

"LÉSBICOS"

El disparate también hizo su agosto en la casa de las leyes. El senador PNP, José "Joíto" Pérez, se llevó el primer lugar. El muy buen señor tiene amigos lésbicos y los quiere mucho. Imagino que con dicha declaración esperaba la ovación de todxs. En su defecto, se convirtió en el hazmerreír del hemiciclo y de todxs los que seguíamos el debate senatorial.

No obstante, el desatino de tener "amigos lésbicos" tiene el potencial de convertirse en frase lapidaria para destruir las identidades por decreto, las clasificaciones disciplinarias y las exclusiones que traen consigo. Como mi querida amiga Rima, afirmemos, al amparo de la risa y la ironía: todxs somos lesbianxs.

Si algo luminoso nos dejará este proceso, que apenas comienza, es la movilización ciudadana, el concierto de diversos sectores, la identificación solidaria. La lucha por la aprobación de un proyecto contra la discriminación por orientación sexual e identidad de género ha hecho patente la afirmación de identidades políticas y estratégicas que desarticulan las otras: las impuestas, las esenciales, las inventadas para destruir la diferencia, la ambigüedad y la otredad que se resiste a llamarse y a ser.

"OTRAS NOMINACIONES SEXUALES"

Otra querida amiga, Ángela Figueroa, suele preferir la afirmación "estoy lesbiana" a "soy lesbiana." Con ello resume una de las tesis de Foucault en su *Historia de la sexualidad*. Antes de que llovieran las "nominaciones" –o sea, las designaciones, los actos del nombrar y crear identidades y (a)normalidades– todo lo que había eran acciones, actos, deseos manifiestos de una forma u otra. Todo lo que había era estar.

Cuando el mismo disparatero senador habló de "otras nominaciones sexuales," no sabía lo que decía y mucho menos lo que ignoraba. No sabía que en su disparate estaba enredada la perversión de las identidades. Esas palabras con que nos han nominado, esas identidades con las que nos han pretendido marcar, son la invención de la lógica heteronormativa. Más aún, la una se ha definido por la otra, ignorando, eclipsando y aplastando el amplio espectro de deseos y sexualidades en las que se manifiestan tanto la humanidad como las otras especies.

"No hay más identidad que la que nos hace estar en contra de la homofobia y la transfobia," refuta Paco Vidarte con sobradas razones. Que esta lucha no se quede en las palabras. Que, en verdad, nos apuntemos en el día a día, en cada ocasión, a combatir la discriminación por orientación sexual y por todas las otras causas. No habrá equidad y no habrá justicia hasta que erradiquemos toda forma de discriminación. ¿Qué es ser lesbianx? Sigo sin responder. Ni falta que hace.

De la @ a la x

> Of course, language is never the whole story.
> But it matters in more ways than we usually realize.
> *Gender, Sexuality, and Meaning: Linguistic Practice and Politics*, Sally
> McConnell-Ginet

> *A Gaddiel F. Ruiz Rivera, quien fue el primero en pedirme que*
> *escribiera sobre la @ y la x.*

Contenidos de la forma

En mi entrada previa un lector llamado "Disgustado" me calificó de "annoying" por mi uso de la "x" en lugar del uso "normal" de la "a" o de la "o" como determinantes de género. Antes, también en *80grados*, otra persona me había llamado elitista por lo mismo. Por esos días en que "Disgustado" me escribió, un antiguo discípulo me había enviado el prólogo de su tesina en el cual consideraba necesario advertir a sus profesorxs lectorxs que usaría la "x" como marca de género con el fin deliberado de dar cuenta de la diversidad humana.

¿Qué estaba detrás del disgusto de uno y del deseo de otrx? ¿Por qué este asunto me estaba asaltando tanto? ¿Qué ansiedades esconde el aparente purismo de unxs y qué luchas dirime la apuesta de otrxs?

Escribo esta entrada aclarando que no soy lingüista ni pretendo serlo. Escribo esta entrada sin ánimo de justificación ni intento autorizado de establecer norma alguna. Escribo esta entrada para retomar el hilo de una conversación que ya tiene unas cuantas décadas, pero parece que fue ayer para algunxs. Escribo, sencillamente, para consignar mis motivaciones por si le vienen a cuento a alguien, por si les sirve de algo, porque sí.

Cobré conciencia hace algún tiempo, inspirada por las vanguardias y luego por McLuhan, que las formas están preñadas de contenido. El antiguo binomio que oponía forma y contenido ha sido seriamente cuestionado. La forma no es la contraparte del contenido, sino su cómplice y viceversa. Del mismo modo, cuando escribimos, el "qué" está bien enredado el "cómo" y justo lo contrario.

A su vez, las luchas feministas, y las posiciones teóricas que les sucedieron, dieron una estocada al universal masculino y retaron la quimera de que todxs estamos implicadxs en la "o". Interrogaron el supuesto de neutralidad patriarcal y nos invitaron a ser redundantes, si era preciso, para consignarnos. Entonces, y al amparo del esfuerzo de la llamada lingüística feminista en los años 70, se inició la experimentación con otros modos de marcar la existencia de las otras en el –hasta entonces exclusivo y excluyente– uno.

TRUCOS DE LA FORMA

Recuerdo primero el uso frecuente de la repetición. Ellas y ellos. Nosotras y nosotros. Ella y él. Reconozco que usé esa forma de protesta formal por poco tiempo. Me resultaba poco económica. Pero, desde luego comprendía la vocación de nombrarnos repetidamente, aunque ello implicara extender la palabra hasta sus límites barrocos.

Luego conocí el uso de la arroba (@) y me gustó su ambigüedad gráfica, su mezcla de la "a" y de la "o" en una forma bastante económica. Siendo consistente con esta nueva estrategia de marcar la inclusividad, escribí con Beatriz el manual de iniciación teórica, *¿Quién le teme a la teoría?* con esa apuesta a lo largo y a lo ancho de cada una de sus páginas. Las preguntas no se hicieron esperar. No tuvimos una sola presentación del libro en la que alguien, por lo general "un hombre", no nos preguntara el porqué de tal uso. Decíamos siempre, más o menos, lo mismo. No estábamos satisfechas con el neutro siempre masculino. Nos parecía insuficiente. No existíamos en su aparente neutralidad.

Pero la arroba también se quedó corta, en especial para designar el amplio e ilimitado espectro de las prácticas queer. ¿Dónde quedan los cuerpos ambiguos de la intersexualidad? ¿Dónde existen lxs trans? ¿Dónde la forma se encuentra con la pregunta sobre el binomio mismo? En la "x" podría ser.

No propongo una nueva gramática queer, que por supuesto sería muy deseable a tenor con los desarrollos recientes de la lingüística queer. No propongo otra norma para sustituir las previas. Sencillamente, quiero consignar mi protesta. Quiero que no solo los contenidos la nombren. Quiero que se genere el disgusto, la incomodidad, la pregunta. Quiero que se caldee el debate. No tenemos que estar de acuerdo en la estrategia. Pero, baste con reconocer que la "o" no nos nombra a todxs. Toril Moi proponía la "a" como estrategia en su tratado feminista, *What Is a Woman?* Yo propongo la "x" y sigo buscando la forma…